민감한 딸의 사춘기를 항해하는 방법

유디트 빌다우 지음
이지혜 옮김

라라

일러두기

1. 이 책에서는 독서의 편의를 위해 남성 또는 여성을 구분하여 표현하였으나 이는 남성과 여성, 논바이너리를 모두 포함합니다.
2. 책의 내용 중 일부 발생할 수 있는 오류에 대해서는 책임을 지지 않습니다. 아울러 이 책에 제시된 경험, 의견, 연구, 치료법, 약물, 기법, 실용적 조언으로 인해 발생할 수 있는 손해에 대해서도 책임지지 않습니다.
3. 이 책에 소개된 모든 내용 및 제안들은 의학 전문가의 상담, 관리, 치료를 대신할 수 없습니다.
4. 본문의 각주는 모두 역자주입니다.
5. 약물, 의학 정보 등과 관련한 내용 중 국내 현황과 맞지 않는 부분은 최대한 우리나라 기준으로 수정하였으나, 그중 원문을 확인해야 하는 부분은 원문에 우리나라 기준을 병기하였습니다.

목차

서문

사춘기. 부모에게는 듣기만 해도 등줄기가 서늘해지는 단어다. 이 말을 듣는 순간 자신의 사춘기가 떠오르며 마음 한구석 어딘가 찜찜한 기분이 들기도 한다. 당장 부모님께 전화를 걸어 골칫덩이였던 그 시절 자신의 행동에 대해 사과드려야 할 것 같기까지 하다.

거친 파도와 같았던 나의 사춘기

롤러코스터를 타듯 시시각각 변하던 당시의 감정은 누구나 기억할 것이다. 별안간 온 세상도 껴안을 듯 펑펑 샘솟던 사랑의 감정, 내 앞에 놓인 무한한 기회 때문에 넘쳐나던 기쁨, 그러다 갑자기 예고도 없이 덮쳐오던 근원 모를 절망과 깊은 회의감까지도 말이다. 그때는 누구도 나를 이해하지 못한다는 깊은 절망에 사로잡힌 채 침대에 누워 인생과 다른 모든 것들에 대해 고민하곤 했다. 갑자기 세상이, 눈앞의 부모님이, 심지어 나 자신도 낯설게 느껴진다. 하루아침에 모든 것이 의문스럽게 느껴진다. 이 기묘한 감정들로 인해 우리는 알 수 없는 두려움에 휩싸이곤 했다.

사춘기에는 이따금 불안감을 이기지 못해 엄마나 아빠의 품으로 파고들며 나 좀 어떻게 해달라고 큰 소리로 외치고 싶어질 때가 있다. 감정의 세계에 그토록 무력하게 노출되어 있다는 사실에 분노가 일기도 한다. 게다가 안타깝게도 사춘기에는 부모처럼 되고 싶지는 않다는 마음이 기폭제 역할을 해 부모조차 회의적으로 보는 경우가 많다. 그래서 불안감이 극에 달한 상황이 아니라면 부모에게 응석을 부리지도 않는다. 그것도 고작해야 몇 분 정도일 뿐, 다음 순간에는 도로 새치름해져서 부모는 안중에도 없다는 듯 콧대를 높인다. 특히 어린아이처럼 어리광을 부리는 일은 두 번 다시 없을 것처럼 군다.

부모가 되어 다시 마주한 사춘기

지금 와서 하는 이야기지만, 부모의 사춘기도 그야말로 장난이 아니었다. 막상 부모가 되어 보니 당시 부모님들이 얼마나 힘드셨을지 짐작이 가고도 남는다. 사춘기 괴물과 한집에서 지지고 볶는 나날이 얼마나 지긋지긋하셨을까. 돌이켜보면 그때 했던 몇몇 행동들은 웃음이 나올 정도로 어리석기 짝이 없었다. 그러나 다시 생각해 봐도 속이 울렁거릴 만큼 극심한 무력감에 시달렸던 것 또한 사실이다.

딸이 있는 부모들은 너무나도 강렬했던 사춘기의 감정들을 되새기며 이렇게 다짐한다. 딸이 사춘기를 맞는다면 자신의 부모님보다는 훨씬 능숙하게 대처하리라고 말이다. 딸에게 고함을 치거나 부당한 금지령을 내리지도, 몰이해한 태도를 보이지도 않기로 결심한다. 나만큼은 그저 무한히 딸을 지지하고 늘 곁에 있어 주며 이해하고 격려하는 부모가 되리라 믿어 의심치 않는다.

그러나 그토록 굳건하던 다짐은 아이의 침대 밑에서 썩어가고 있는 그릇들이 눈에 들어오는 순간 이미 흔들리기 시작한다. 벌써 몇 번째인지 모르겠다. 맹세컨대 결벽증 때문이 아니다. 조만간 아이의 방에서 시작해 온 집안을 점령할지도 모를 바퀴벌레가 두렵기 때문이다. 그리고 다음 순간 부모의 면전에 대고 엄마는 왜 사생활을 존중하지 않느냐, 자기 방에 들어오지 말라고 고함을 치는 딸의 모습에 절대로 내 부모님처럼 하지 않겠다던 뜨거운 각오는 차갑게 식어 버린다. 점입가경으로 딸아이는 자기가 제일 좋아하는 청바지와 스웨터를 지금 당장 세탁해 달라고 뻔뻔스럽게 요구하며 부모 마음에 찬물 한 바가지를 끼얹는다. 여기에 친구들 앞에서까지 부모님을 바보 취급하고 무가치한 인간처럼 대하기라도 한다면 겨우 움트려던 내 각오는 싹부터 잘려 나갈 것이다. 내가 자기 부모라는 게 부끄럽다는 태도니 그럴 수밖에 없다. 씁쓸함을 삼켜보려 해도 깊은 마음의 상처는 어쩔 수 없다. 나 또한 부모로서 처음 겪는 일이기 때문이다.

사실 아이의 반항기가 처음은 아니다. 미운 세 살도 무사히 넘겼고 삼춘기 전쟁도 어찌어찌 이겨냈다. 슈퍼마켓에서 유치원생 딸이 초콜릿을 사달라고 악을 쓰며 바닥에 드러눕는 바람에 진이 빠졌던 적이 한두 번이 아니다. 영혼까지 탈탈 털리고 기진맥진, 망연자실하던 날들도 헤아릴 수 없이 많았다. 하지만 이 정도의 수난은 딸의 뽀뽀 한 번에, 잠들기 전 나지막하게 사랑한다고 속삭이는 한마디에, 품에 안겨 잠든 딸의 따뜻한 체온에 눈 녹듯 사라져 버렸다. 그때까지만 해도 부모는 그 어떤 풍파에도 변함없이 꼬마 공주님을 지켜주는 영웅이었다. 딸은 부모의 존재에 대해 무한한 신뢰를 보냈다. 어떠한 일이 일어나든 딸은 여전히 부모를 믿고 사랑하며 필요로 한다는 사실을 온몸으로 보여주었다.

그러나 사춘기는 상황이 완전히 다르다. 딸의 거부감이 피부로 느껴지고 내 자식임에도 딸이 낯설게만 보인다. 때로는 버릇없는 태도에 분노가 치솟다가도 딸을 향한 자신의 이중적인 마음을 의식하고 수치심에 휩싸이기도 한다. 인내심이 한계에 달하면 도대체 내가 아이를 키우며 무엇을 잘못했는지 스스로에게 되묻기도 한다. 커서 뭐가 되려고 이러나 싶은 근심에 사로잡힌다. 서로 아끼고 존중하고 공감하라고 그렇게나 가르쳐 왔건만, 지금 딸에게 그런 흔적은 전혀 보이지 않는다. 지금 내 눈앞에서는 갈수록 불안정해지고 때로는 뻔뻔스럽게 요구하거나 거부하며 공감 능력이라고는 티끌만큼도 없는, 이성적인 대화가 아예 불가능한 아이가 어른의 관문을 향해 달려가고 있다. 아무리 감정을 다스리려 애써 봐도 딸과 마주하는 순간 모든 노력은 물거품이 된다. 절대로 하지 않겠다던 행동을 하며 한없이 무력해지는 자신에게 화가 치밀기도 하고 때로는 딸에게 모진 언행을 하는 모습을 깨닫고 소스라치게 놀라기도 한다.

강한 소녀에게 필요한 여유로운 부모

이 책의 핵심은 다음의 한 문장으로 정리할 수 있다.

강한 소녀의 사춘기에는 특히 부모가 여유로워야 한다.

내면의 혼란을 겪을 때 외부에서 안정된 틀을 마련해 줄 부모가 필요하다는 의미다. 부모가 딸의 행동에 흔들려 자신에게 의문을 품거나 회의감에 빠지거나 좌절해서는 안 된다. 기복이 심한 딸의 기분에 끌려다니는 것도 금물이다. 줏대 없는 부모의 태도는 딸의 불안감을 가중시킨다.

그렇다고 부모가 완벽해야 한다는 뜻은 아니다. 항상 자기 행동을 성찰하고 실수를 인정하며 솔직한 태도를 취한다면 그걸로 충분하다. 무엇보다 부모도 완벽하지 않은 자신의 모습을 받아들이고 내면의 평온함을 찾는 일이 중요하다. 이는 딸과 함께 사춘기라는 사나운 바다를 헤치고 나아가는 과정에서 일종의 안전장치가 되어 준다.

그런데 이 내면의 평온함과 여유는 어떻게 찾아야 할까?

딸을 이해하기 위한 행동전략

이 책은 부모가 딸들을 더 잘 이해할 수 있도록 사춘기 소녀의 몸과 마음에 일어나는 복잡한 변화를 설명하고 있다. 또한 사춘기를 맞이한 딸이 부모와 멋진 팀을 이루어 가족에게 일어나는 수많은 변화를 극복할 수 있는 전략을 소개한다. 그리고 사춘기에 흔히 볼 수 있는 일상적인 상황을 살펴본 뒤 딸의 행동에 숨은 배경이 무엇인지 파헤치고, 나아가 현명하게 대처하기 위한 쉬운 비법들을 전수하고 있다.

여기서 가장 중요한 네 가지 핵심 원칙은 이해하기, 믿어주기, 놓아주기, 기다려주기다. 이는 딸들과의 관계를 탄탄히 다질 수 있는 밑거름이 되어 줄 것이다.

사춘기는 딸들뿐 아니라 부모에게도 큰 변화의 시기다. 그래서 이 책에서는 부모 스스로에 관한 중요한 질문을 던지고 성찰할 수 있는 내용도 언급하였다. 예를 들면 과거 나의 사춘기는 어땠는지, 딸과 대화할 때 어떤 감정이 드는지, 내가 삶을 대하는 태도나 중요하게 생각하는 가치관은 무엇인지 물어보는 식이다. 이러한 질문에 대답하다 보면 딸의 입장에서 생각하기도 한결 수월해지고, 마침내 애정 어린 동반자로서 그 곁을 지켜줄 수도 있게 될 것이다. 자신의 생각을 책 안에 틈틈이 적어 두고 필요할 때마다 한 번씩 찾아본다면 더욱 도움이 된다.

사춘기 소녀의 상담실: 건강, 의학적 문제들

이 책의 후반부에서는 내가 산부인과 전문의로서 가장 신경 쓰고 있는 주제를 다룰 계획이다. 사춘기 소녀의 상담실이라는 표현이 어울릴 듯하다. 많은 소녀들이 날마다 불안한 표정으로 내 진료실을 찾아오거나 온라인 메신저로 사춘기의 건강에 관한 온갖 질문을 쏟아내곤 한다. 궁금하기는 부모도 마찬가지라 딸과 함께 산부인과를 찾는 엄마들도 많다. 드물지만 아빠가 동행하는 가족도 있다. 최근에는 딸의 생리통이 심한데 어떻게 해야 할지, HPV 백신은 꼭 맞혀야 할지, 어떤 피임법이 좋은지 등 딸의 사춘기 건강과 관련해 도움을 구하고자 SNS로 연락하는 부모도 늘어났다.

많은 부모가 이 주제에 관심을 쏟지만 인터넷상의 정보는 대개 도움보다는 불안만 키우기 십상이다. 그래서 나는 탄탄한 의학지식을 바탕으로 이에 관해 설명하기로 했다. 딸이 필요로 하는 순간에 정보를 전해주며 곁을 지켜준다면 아이 또한 부모를 안식처로 생각해 크게 의지하고 어떤 문제든 마음을 터놓고 상의하리라 생각한다.

참고로 나는 여성 산부인과 의사이지만, 본문에 언급되는 산부인과 의

사라는 표현에는 남녀 전문의 모두가 포함된다는 점을 알려두고자 한다.

딸의 사춘기라는 짜릿하고 박진감 넘치는 항해를 함께 떠나게 되어 한없이 기쁘고 설레는 마음이다.

유디트

제1부

사춘기 소녀,
그 미지의 세계를
항해하는 법

제1장

사춘기 탐구하기

'내부 공사로 영업을 잠시 중단합니다.'

가끔 길을 걷다가 이런 안내문을 보면 당장 떼어다가 고뇌에 빠져 있는 사춘기 딸의 목에 걸어 주고 싶어진다. 심지어 딸의 머릿속에서 벌어지는 내부 공사는 간단하지 않다. 아이의 뇌와 호르몬 용량, 생각과 감정, 한 마디로 신체와 정신이 사실상 통째로 개조 중인 대공사 현장이라 해도 과언이 아니다. 그곳에서는 도대체 무슨 일들이 벌어지고 있는 걸까?

사춘기의 정의

딸이 이 불안한 시기를 겪는 동안 여유와 확신을 잃지 않고 곁을 지켜주기 위해서는 당연히 사춘기가 무엇인지 정확히 숙지하고 있어야 한다. 따라서 이 특별한 시기에 관한 기본정보를 먼저 설명해야 할 듯하다. 물론 사춘기는 너무나도 복잡하고 다층적이며 개인에 따라 천차만별로 나타나는지라 설명이 충분하지 않을 수도 있다. 일단은 아이들의 성장 발달단계 중에서도 특히 중요한 사춘기와 관련된 주요 개념과 요점부터 차근차근 짚어보기로 한다.

사춘기를 뜻하는 영어 단어 Puberty는 성적인 성숙함을 뜻하는 라틴어 Pubertas에서 유래했다. 사춘기가 나타나는 시기는 다른 모든 성장 발달단계와 마찬가지로 광범위하게 언급된다. 다만 여아의 경우 대체로 만 10~16세 사이를 사춘기로 간주한다. 일반적으로 남아에 비해 2차 성징이 2년가량 빨라서 대략 만 10세경부터 신체적인 변화가 조금씩 나타나기 시작한다. 만 9세 이전에 2차 성징의 첫 징후가 나타나면 성조숙증, 만 13세까지 사춘기 징후가 전혀 나타나지 않으면 사춘기 지연이라 부른다.

여아가 남아보다 사춘기가 일찍 시작된다는 사실, 그리고 요즘 세대의 여아들은 이전 세대보다 사춘기의 신체적 변화가 비교적 일찍 시작된다는 사실을 알고 있었는가? 요즘 세대의 여아들은 평균 10.5세경부터 유방이 발달하기 시작하고 초경은 만 13세에 시작되는데, 이는 어머니 세대보다 평균 3.6개월 빠른 편이다.

그 주요 원인으로는 이전 세대보다 다양한 생활 조건이 개선된 점을 꼽을 수 있다. 이는 남녀 모두에 해당한다. 영양 상태나 건강, 위생 수준이

월등히 나아지면서 최근 몇 년간 청소년들의 성장 발달 속도는 더욱 가속화되고 있다. 결과론적인 이야기일 수도 있으나, 아직까지 이것이 큰 문제가 되고 있지는 않다. 다만 이를 제외한 사춘기가 앞당겨지는 다양한 원인에 대해서는 조금 더 구체적으로 살펴볼 필요가 있다.

그중에서도 특히 호르몬에 주목할 필요가 있다. 호르몬은 예전에 비해 큰 영향을 미치는 것으로 추정된다. 예컨대 아동의 평균 체중 증가가 사춘기 연령이 앞당겨지는 현상과 관련 있다는 사실은 이미 여러 연구를 통해 밝혀졌다. 여아의 신체에 지방조직의 비율이 늘어나면 다양한 체내 메커니즘을 통해 여성호르몬 분비도 증가한다. 그밖에 비스페놀 A와 프탈레이트 같은 환경 유해 물질도 성조숙증과 관련이 있는 것으로 추정된다. 이런 유해 물질은 어린이 장난감, 포장지, 화장품 등에 특히 많이 포함되어 있으므로 호르몬 시스템에 영향을 준다. 대규모 축산업에 사용되는 호르몬제 또한 아동의 신체 발달에 영향을 미치는 요인이다.

요약하자면 모든 문제가 그렇듯 사춘기가 앞당겨지는 현상의 원인은 단 하나로 추정되지는 않는다는 뜻이다. 수많은 요인이 복합적으로 작용하면서 사춘기가 찾아오는 시기를 앞당기고 있다. 어쨌거나 사춘기는 누구에게나 매우 버거우면서도 황홀하고, 또 긴박감이 넘치는 시기라 할 수 있다.

신체 변화

지난 수년간 유소아기에 비해 다소 정체된 것처럼 보이던 딸들의 신체 발달 속도는 이때부터 다시 급속도로 빨라진다. 가끔은 이른 아침 어슬렁거리며 방에서 나오는 딸아이를 보고는 두 눈을 의심하는 부모들도 있을 것이다. 맙소사, 애가 밤새 또 자랐네! 게다가 어딘가 어른티가 나는걸! 정말 우리 꼬마 숙녀 맞아? 때로는 아련한 아쉬움이 밀려들기도 한다. 우리 딸이 어른이 되어 간다니! 이제 되돌릴 수 없게 되었구나! 가슴 한구석이 쓰라려 온다. 딸이 예전만큼 부모를 찾지 않을 것이며 이제부터 점점 더 자신만의 길을 걸어간다는 뜻이니 말이다. 장담하건대 부모도 울컥함을 억지로 삼키는 순간이 많아질 것이다.

딸에게 갑작스레 나타난 이 모든 변화의 근원은 다름 아닌 딸의 머릿속에 있다. 머릿속이라니? 어리둥절해하는 분들도 있겠지만 말 그대로다! 머릿속에서 생성되고 분비되는 신경전달물질은 최종적으로 여성호르몬이 분비되는 데 일조한다. 헤아릴 수 없이 많은 톱니바퀴가 신비롭게 맞물려 돌아가며 딸들의 신체에 변화를 일으키는 것이다. 유방이 부풀고 음모가 하나둘 나기 시작하더니 급속한 성장과 더불어 마침내 초경이 시작되기에 이른다.

사춘기를 겪는 딸은 이처럼 가시적인 신체 변화 외에도 보이지 않는 수많은 변화를 겪게 된다. 그중에서도 뇌 구조가 재정비되는 과정은 매우 흥미롭다. 이는 딸의 행동 변화에 막대한 영향을 미치므로 다음 장에서 자세히 살펴보기로 한다.

사춘기 변화의 근원: 뇌

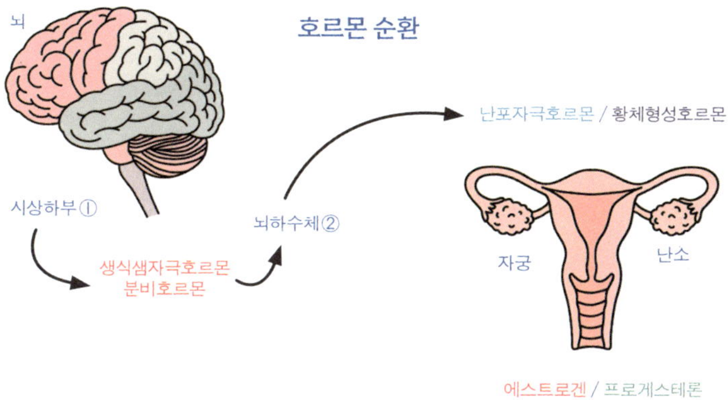

사춘기에는 다양한 호르몬이 급격히 분출된다. 먼저 여러 뇌 부위 중 시상하부①에서 신경전달물질, 즉 생식샘자극호르몬 분비호르몬의 분비가 증가한다. 이것이 뇌하수체②를 자극하면 황체형성호르몬과 난포자극호르몬이 분비된다. 이에 따라 난소는 에스트로겐과 프로게스테론을 생성하기 시작하는데, 신체가 여성스럽게 변하고 월경이 시작되는 데 큰 역할을 하는 것이 바로 이 두 가지 성호르몬이다. 에스트로겐은 자궁과 유방 등 여성의 신체적 특징이 발달하도록 자극하는 호르몬이다. 매달 난자의 성숙을 돕고 정자가 통과할 수 있도록 자궁경부를 열어주는 일도 에스트로겐의 역할이다. 프로게스테론은 자궁내막이 형성되도록 자극해 수정란이 안전하게 착상되어 임신이 되도록 돕는다. 난자가 수정되지 않으면 두껍게 형성되어 있던 자궁내막이 떨어져 나가면서 월경이 시작된다.

행동 변화

흔히 박쥐를 두고 날짐승인지 길짐승인지 따진다. 사춘기 아이도 그와 비슷하다. 청소년들은 자신이 아이인지 어른인지 스스로도 알 수 없어 혼란스러워한다. 호르몬 생산과 마찬가지로 이 딜레마 또한 아이의 머릿속에서 비롯된다는 사실은 흥미롭기 그지없다. 실제로 전 세계에서 시행된 수많은 연구를 통해 사춘기 때 여러 뇌 부위가 완전히 재구성된다는 사실이 확인된 바 있다.

우선 사춘기에는 뇌 물질의 구성에 변화가 생긴다. 백질은 신경세포의 끝부분이 모여 다발을 이루고 있는 부분으로 신경세포에서 형성된 정보를 전달하는 역할을 하는데, 사춘기에는 바로 이 백질의 양이 눈에 띄게 증가하며 여러 뇌 부위 간의 연결고리가 폭발적으로 형성된다. 그리고 모든 뇌 부위는 각각 재구성되는데, 문제는 그 과정이 동시에 일어나지 않는다는 점이다. 어떤 영역은 다른 부위보다 빠르게 재구성되어 이미 성인 수준으로 기능하는 반면, 다른 어떤 영역은 여전히 아이 수준에 머물러 있다. 그러니 딸의 머릿속이 혼란의 도가니일 수밖에 없지 않겠는가! 이는 행동에도 그대로 반영된다.

많은 부모의 눈에 사춘기 딸의 행동은 수수께끼처럼 보인다. 과도하게 감정적이고 변덕스러우며 멜로드라마 주인공처럼 극적으로 행동할 때도 있다. 부모는 딸의 태도를 도무지 납득할 수 없고 때로는 이성적인 대화가 아예 불가능하다는 느낌도 든다. 순간 감정이 폭발해 문을 잠가버리는 일도 부지기수다. 돌발 상황을 일으켜 부모가 허둥지둥 달려와 해결하게 만들어놓고도 나무라는 소리에 콧방귀만 뀌는 딸을 보면 막막

혼란에 빠진 사춘기 뇌

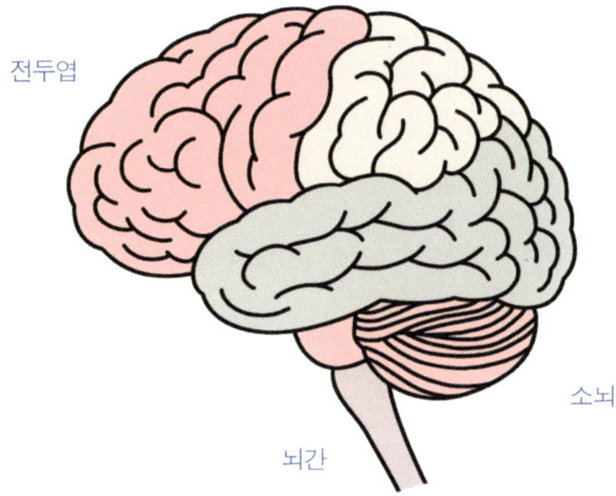

사춘기에는 모든 뇌 부위가 각자 다른 속도로 발달한다. 예를 들어 충동 조절, 즉 감정표출의 조절과 위험예측을 담당하는 전두엽은 매우 느리게 발달하므로 사춘기가 시작된 뒤에도 한동안 어린아이 수준으로 기능한다.

이 때문에 청소년들은 감정 및 감정 표현 방식을 조절하는 데 큰 어려움을 겪는 경우가 많다. 게다가 청소년기의 뇌는 신경전달물질인 도파민에 유독 민감하게 반응한다. 도파민은 모험심을 자극하고 행복감을 갈구하게 하며 격한 감정을 유발시키거나 무모하게 행동하도록 부추긴다. 전두엽이 늦게 발달하니 이러한 행동이 통제되지 않는 것이다. 말하자면 사춘기 딸들의 세계는 삶에 대한 충만한 의욕, 미지를 향한 탐험심, 강렬한 감정으로 가득 차 있지만 균형을 잡아 줄 성숙한 메커니즘은 결핍되어 있다. 바로 이점이 10대 특유의 무모함을 만들어낸다.

한 심정이 든다.

사실 아이들이 이런 행동을 하는 이유도 달리 어찌할 도리가 없어서 그럴 뿐이다. 하지만 그렇다고 해서 사춘기 아이에게 잘못된 행동을 하거나 의사소통을 거부하거나, 또는 위험한 상황에 마음껏 자신을 노출시켜도 된다는 자유이용권을 쥐여 주라는 뜻이 절대 아니다! 부모는 사춘기 아이의 머릿속에 벌어지고 있는 일을 이해하고 아이가 절실히 필요로 하는 부모 역할을 해 주어야 한다. 아이들이 현재 겪고 있는 변화를 이해한다면 부모도 더욱 현명하게 이에 대처할 수 있다. 아이를 잘못 키우려는 부모는 세상 어디에도 없으며 이는 나쁜 부모 또한 마찬가지다. 이 모든 것은 지극히 자연스러운 현상이다. 부모의 임무는 단 하나, 강하고 차분하며 현명한 부모로서 딸의 곁을 지켜주는 일이다.

심리 변화

사춘기에는 신체와 뇌 말고도 심리적인 부분 또한 대규모 공사가 이루어진다. 사춘기란 아동기에서 벗어나 어른이라는 미지의 세계로 나아가는 여정과도 같다. 이 여정에서 이따금 마주치게 되는 가시밭길은 누구 하나 할 것 없이 힘들기 마련이다.

마냥 행복하던 어린 시절에 이별을 고하는 일은 고통스럽지만, 다른 한편으로 딸들은 다가올 미래에 대한 기대감으로 한껏 부풀어 있다. 영원히 천진난만한 아이로 머물고 싶은 마음과 빨리 어른이 되고 싶은 마음이 딸의 내면에서 싸움을 벌이고 있는 것이다. 전자가 우세하는가 싶으면 금세 또 후자가 우세해지는 상황이 반복된다.

사춘기 딸들은 이해받지 못한다고 느낄 때가 많다. 내게 무슨 일이 벌어지는지 나도 알 수 없어 힘든 마당에 주위 사람들에게 어떻게 말로 설명하겠는가? 나아가 부모님, 교사, 친구들 등 주위 사람들이 자신에게 저마다 기대를 걸고 있다는 부담감도 아이를 짓누른다.

이에 더해 사춘기 소녀들은 SNS나 그곳에 존재하는 이미지를 무척 중요하게 생각한다. 그래서 광고에서나 볼 법한 잡티 하나 없는 피부나 풍만한 가슴, 쭉 뻗은 각선미가 절대적인 미의 기준인 것처럼 군다. 그래서 사춘기의 상징이나 다름없는 여드름이나 이제 막 부풀기 시작한 가슴, 지극히 정상적인 신체 비율과 비교하며 심한 열등감을 품곤 한다.

한 마디로 사춘기는 딸들에게 정신적 스트레스를 유발하는 매우 힘든 시간이다. 부모는 딸의 마음을 휩쓰는 우울감, 자신에 대한 회의감, 분노를 막아줄 수는 없다. 그러나 사춘기는 누구나 겪게 되는 중요한 시기이고, 또 어른이 된 뒤에도 겪게 될 수 있는 감정들이니 무엇 하나 원천 차단하려 들어서는 안 된다. 지금은 그저 한없이 이해하고 인내하며 아이의 곁을 지켜주기만 하면 된다.

제2장

달라진 일상과 가족의 팀워크 다지기

자녀들이 사춘기를 맞이하면 가족의 일상에도 큰 변화가 찾아온다. 단순한 변화를 넘어 기반까지 흔들리는 경우도 다반사다. 딸들은 가족구성원의 역할에 의문을 품게 되고 지금까지와는 전혀 다른 화법을 구사한다. 그리고 지금껏 유효하던 공동의 가치들은 효력을 잃는다. 이 장에서는 이 시기의 부모와 자식 관계에 어떤 변화가 찾아오는지 알아보고, 이해하기, 믿어주기, 놓아주기, 기다려주기라는 네 가지 기본 원칙을 각자의 가족구조에 적절히 적용하고 결속력을 다지는 방법에 대해 이야기하기로 한다.

사춘기 자녀가 있는 가정에 지금껏 어떤 변화가 일어났으며 앞으로 어떤 변화가 올 것인지 논하기에 앞서, 이 자리를 빌려 지금도 자녀 양육에 최선을 다하는 세상의 모든 부모에게 깊은 경의를 표하고자 한다. 세상 모든 부모는 어떤 칭찬의 말로도 부족할 만큼 훌륭하다. 여러 해 동안 자신의 욕구는 뒤로 한 채 오로지 자녀를 반듯하게 키우기 위해 정성을 쏟고 있지 않은가! 이따금 스스로가 마냥 부족하게 느껴지는 순간도 있겠지만, 모든 부모는 지난 수년간 적재적소에 올바른 투자를 해 왔다고 장담한다. 자녀들의 뿌리와 마음, 이 두 가지가 바로 그 투자의 대상이다. 무엇 하나 헛되지 않았으며, 그 효과가 즉각 나타나지는 않을지라도 부모가 여기에 투자한 모든 것은 지금도 정확히 필요한 자리에서 그 가치를 키워가고 있다. 다시 한번 강조하지만, 지금 그렇다는 뜻이다. 부모에게는 산 넘어 산인 자녀들의 성숙기가 한없이 길고 험난하게만 느껴질 수 있다. 그러나 사춘기는 언젠가 끝나게 되어 있다. 자연의 섭리가 내 딸에게만 비껴가지 않는다. 내 말을 믿으시라.

화목한 공존을 위한 네 가지 주춧돌

그럼에도 딸들이 어른의 세계를 향해 질주하는 불타는 성장기에는 가족구조 전체가 흔들릴 위험이 있다. 그 위험을 예방하고 사춘기 딸과 어느 정도 화목한 관계를 유지할 수 있는 네 가지 기본 원칙을 소개하고자 한다.

첫 번째 원칙은 이해하기다. 딸들이 어떤 성장 과정을 거치고 있는지, 신체적, 정신적으로 어떤 변화를 겪고 있는지 이해한다면 딸과의 관계도 한결 여유로워질 수 있다. 딸의 내면에서 일어나는 변화를 파악하고 있으면 딸의 행동거지나 부모를 대하는 태도 때문에 허탈해질 일도 없을 것이다.

두 번째 원칙은 믿어주기다. 이는 어떤 경우에도 딸이 불편해하지 않는 믿음직한 대화 상대가 되어 주는 일을 의미한다. 딸이 부모를 언짢게 해도 수용해야 한다. 다툼이 곧 관계의 악화를 의미하지 않는다. 그런 순간에도 딸이 화를 내거나 딸과 다투게 되더라도 부모는 딸을 사랑하며 그 관계는 굳건하다는 신호를 주어야 한다. 사춘기가 없었거나 약하게 지나간 소녀, 또는 부모와 한 번도 갈등을 겪지 않은 소녀가 부모와 팽팽히 대립하며 파란만장한 사춘기를 보낸 소녀보다 행복하다고 말할 수는 없다. 그러니 갈등에 대한 두려움은 훌훌 털어 버려라.

세 번째 원칙은 놓아주기다. 딸이 사춘기를 맞이했다면 자유롭게 놓아줄 수 있도록 모든 기대와 상상을 미련 없이 내려놓자. 의미 있고 올바른 삶의 방식은 하나가 아니다. 세상에는 헤아릴 수 없이 다양한 모습의 삶이 있으므로 딸들도 자신만의 길을 스스로 개척하도록 허용해 주어야 한다. 무언가를 기대해서도 안 된다. 이를테면 부모가 딸이 엄청난 음악적 재능을 타고났다고 생각해 피아노를 좋아할 거라 단정 지어서는 안 된다는 의미다. 지금 딸에게 주어진 과제는 자신에 대해 알아 가고 이를 표현하는 법을 배우는 것이다.

네 번째 원칙은 기다려주기다. 어찌 보면 네 가지 원칙 중 가장 지키기 어려울 수도 있다. 부모는 그저 아이 곁에 있어 주고 기다려주고 아이가 필요로 할 때 진심을 다해 지지해 주어야 한다. 닦달이나 지나친 간섭은 금물이다. 도움의 손길은 번번이 거절과 거부에 부딪힐지도 모른다. 그럼에도 부모는 차분하고 현명한 태도를 잃지 말아야 한다.

지금부터는 사춘기 딸들과의 변화된 일상에 이 네 가지 기본 원칙을 적용하는 방법을 살펴보기로 한다.

가족구조의 변화: 가족의 역할이 변하는 이유

딸이 엄마의 키를 훌쩍 넘거나 옷 사이즈가 커지는 것부터 시작일지도 모른다. 적어도 딸에게서 처음으로 내 일에 참견하지 말라거나 내 몸은 내가 알아서 지킬 수 있다는 말을 들을 때쯤이면 우리는 지금껏 튼튼히 유지되어 온 가족구조가 크게 흔들리고 있음을 실감하게 된다.

심판대에 오른 가족의 역할

딸들은 이제 지금껏 명확히 정해져 있던 가족 구성원의 역할에 근본적인 회의를 품는다. 물론 어려서부터 유독 키우기 까다로운 딸들도 있다. 부모가 텔레비전을 껐다고, 혹은 초콜릿 한 조각을 더 먹겠다고 떼를 쓰기도 한다. "엄마 나빠! 아빠 나빠! 엄마, 아빠 다 미워!"라고 고함치던 목소리가 아직도 귓가에 생생하지 않은가? 그러나 그 나이 때는 자기 전에 동화를 읽어 줄 때쯤이면 낮 동안의 난리법석은 다 잊어버린다. 자녀와의 관계나 부모로서의 역할이 모두 심판대에 오르는 일은 없다.

하지만 사춘기는 다르다. 이제 딸들은 부모의 권위 자체에 의심을 품는다. 부모로서 한마디 할라치면 자신을 통제하려 든다고 느낀다. 어차피 부모는 아무것도 모르니 잠자코 있는 편이 나을지도 모른다. 딸에게 부모의 의견은 중요치도 않고 달갑지도 않기 때문이다. 지금껏 딸의 인생에서 가장 중요한 존재였던 부모는 이제 거부의 대상이다. 이 시기에는 친구들의 존재감이 훨씬 크다. 온종일 학교에서 붙어 있었으면서 집에서도 몇 시간이고 전화를 붙잡고 킥킥대며 수다를 떤다. 마냥 귀엽던 동생들도 이제 귀찮기만 하다. 하루아침에 딸들은 이물질 같아진다. 몸은 어쩔 수 없이 가족과 있지만 마음은 콩밭에 가 있다. 가족 구성원으로서의 역할에도 시큰둥해지다 보니 말싸움이 그칠 날이 없다.

더 이상 부모를 본보기로 삼지 않겠다는 딸의 선언은 무엇보다도 부모의 심장을 쓰라리게 파고든다. 특히 엄마들은 절대로 엄마처럼 되지 않을 거라는 딸의 모진 말에 상처를 받는다.

흔들리는 가족구조

시간이 흐르며 다른 가족 구성원들이 다툼에 휘말리는 일도 늘어난다. 온 가족이 변덕쟁이 누나의 눈치만 보고 있으니 동생은 소외감을 느낀다. 부모는 반항하는 딸을 어떻게 다룰 것인가를 두고 좀처럼 의견이 모이지 않아 부부싸움이 잦아진다. 아빠가 어린 딸내미를 감싸고 돌며 조금이나마 남아 있는 딸의 애정을 독차지하는 것을 보면 엄마는 짜증이 치밀기도 하고 때로는 질투심도 느낀다. 아빠는 엄마가 딸의 일에 사사건건 예민하게 굴며 집안 분위기를 망친다고 비난의 화살을 돌린다. 하나하나 짚고 넘어가자면 끝이 없다. 딸의 사춘기는 많은 가족에게 살얼음판을 걷는 듯한 긴장의 연속이다.

부모에게는 막막하기만 한 순간이 너무 많다. 머릿속에 그려 온 화목한 가정의 모습이 무너지기 일보 직전이니 말이다. 얼마 전까지만 해도 아무 문제가 없었다. 딸이 행복한 줄 알았다. 그런데 지금은 어떠한가?

새로운 전략: 가족 바로 세우기

화목한 관계를 위해서는 네 가지 기본 원칙을 현명하게 활용하여야 한다. 그때가 바로 가족의 결속을 다질 절호의 기회이다.

이해하기: 내면의 혼란이 야기하는 외부의 무질서

우선 딸들이 십몇 년에 걸쳐 사랑과 헌신으로 쌓아 온 가족이라는 견고한 성에 부정적으로 변한 이유를 이해해야 한다. 그러면 딸의 행동에도 한결 수월하게 대처할 수 있다. 얼핏 보기에 딸은 버르장머리 없고 방만하며 은혜도 모르는 아이처럼 보이니 지켜보는 부모는 피눈물이 난다.

그런데 한 가지만은 꼭 알아야 한다. 바로 딸들 역시 내면의 혼란에 맞서 고군분투하고 있다는 사실이다. 나는 누구고 이곳은 어디이며 어디로 가야 하는지 모든 것이 분명하지 않아 방황하고 있다. 내면의 혼란은 외부의 무질서를 낳는다. 자기 자신과도 화합하지 못한 사람이 어떻게 주변 세계와 어울리겠는가. 내가 누군지 모른다면 자신이 공동체에서 맡은 역할도 알 수 없다. 내면의 혼란을 마주하는 것보다 주변 세계와 갈등을 겪는 편이 차라리 덜 힘들 때도 있다. 그래서 만약 주위 사람들과 잘 지내지 못한다면 욕구불만과 고독감을 견디는 일이 한결 수월하게 느껴지기도 한다.

딸들은 지금 자신이 가족 안에서 맡은 역할을 확인하고 새롭게 수행할 역할을 모색하는 중이다. 실제로 딸의 역할이 변화하면서 상황은 한층 어려워진다. 딸은 더 이상 부모가 보호해야 하는 어린아이가 아니다. 어린 동생들과도 놀고 싶어 하지 않는다. 사춘기를 맞이한 딸들은 점점 더 많은 것을 스스로 책임질 수 있는 독립적인 인간으로 성장하며 본인의 생각을 존중받고 싶어 한다.

그들의 이러한 생각과 감정을 이해한다면 부모 또한 자신이 충분히 좋은 부모라는 사실을 깨닫게 된다. 딸을 둘러싸고 일어나는 모든 일들은 부모의 잘못 때문이 아니라 아동기에서 벗어나는 중인 아이의 건강하고 자연스러운 발달 과정일 뿐이다. 부모가 이를 항상 명심하고 있다면 다음에 올 성장단계에서도 딸의 곁을 든든하게 지켜줄 수 있다.

믿어주기: 변치 않는 부모의 자리

딸이 나름의 새로운 역할을 모색하기 시작했다면 가족 내 역할이 전체적으로 재분배가 검토되는 일은 시간문제다. 나아가 사춘기의 아이들은 보통 부모나 교사와 같이 지시하는 사람의 권위를 시험대에 세우곤 한다. 이 사람 또는 저 사람이 과연 무언가를 지시할 위치에 있는가? 남들이 내게 기대하는 것이 과연 나도 바라는 바인가? 나에게 무엇이 유익하고 무엇이 해로운지 가장 잘 알고 있는 사람은 나 자신이 아닐까?

하지만 딸이 힘들 때 믿고 의지할 수 있는 존재가 부모라는 사실을 알려 주어야 한다. 이는 매우 중요하다. 부모까지 가족 내의 역할에 근본적인 의문을 품을 필요는 없다. 당장은 모든 게 불안정해 보여도 딸들에게 부모는 여전히 부모이며 앞으로도 이 사실은 절대 변하지 않는다.

그러니 제아무리 격한 언쟁이 벌어진다 해도 딸들이 믿고 의지할 수 있도록 부모 자리를 지켜야 한다는 사실을 유념하라. 딸이 부모를 밀어낸다고 해서 앞으로 자기 일은 알아서 하라던가, 부모 노릇이 지긋지긋하다는 식의 대응은 바람직하지 못하다. 무엇보다 항상 부모다운 태도를 잃지 않고 침착하게 해결 방법을 모색하는 일이 중요하다. 어른의 세계로 향해 가며 가족 내에서 자신이 맡게 될 새로운 역할을 모색하고 있는 딸들에게 부모의 믿음직스러운 태도는 큰 힘이 되어 줄 것이다.

놓아주기: 해묵은 관념으로부터 탈피하기

사춘기의 딸들은 어른이 되어 가는 중이다. 이 점은 몇 번을 강조해도 지나치지 않다. 가끔 시간을 되돌려 작고 귀여운 딸을 다시금 품에 안고 싶은 부모의 소망이 이해가 가고도 남는다. 안타깝게도 불가능한 일이지만 말이다. 이제부터는 놓아주기라는 마법의 단어가 필요한 순간이 많아질 것이다. 딸이 커 가는 모습을 보며 진한 아쉬움을 느끼겠지만, 그럼에도 애정을 담아 이를 받아들이고 있다는 사실을 딸에게 전해주어라. 슬프다는 사실을 인정하되 딸을 대하는 태도에 슬픔, 혹은 상실에 대한 두려움이 묻어나지 않도록 주의해야 한다.

딸의 성장을 받아들인다는 사실은 그들이 부모 곁을 떠나도록 허락하고, 딸에 대한 부모의 낡은 관념 역시 버리는 것을 의미한다. 딸이 건강하고 멋진 어른으로 성장할 수 있다고 믿어주는 일은 부모가 줄 수 있는 최고의 선물이다.

기다려주기: 필요할 때 손 내밀어주는 부모

사춘기 딸을 키우다 보면 누구나 아이의 행동 때문에 화가 머리끝까지 치솟을 때가 있다. 가끔은 분노를 다스리기가 힘들 정도다. 그만큼 인내심과 이해심이 시험대에 오르는 순간이 잦기 때문이다. 이는 부모로서 당연히 느낄 수 있는 감정이다.

상처를 받았다면 그렇다고 솔직하게 이야기하라. 또 필요할 때는 확실히 선을 그어도 좋다. 다만 이 험난한 시기를 아이와 함께 무사히 빠져나가려면 뒤끝을 남기거나 지나치게 자존심을 내세우지 말고 언제든 대화에 임할 자세가 되어 있어야 한다.

특히 다투고 난 뒤에는 딸이 부모에게 다가올 수 있도록 기회를 열어두어라. 아이들이 사랑하는 부모로서 늘 그 자리를 지키자.

딸이 먼저 부모의 곁을 다가온다면 이는 의지할 곳이 필요하다는 의미다. 이때 부모는 떠나지 말고 그 자리를 지켜야 한다. 더는 말을 섞고 싶지 않다거나 어리광을 받아주지 않겠다는 말은 갈등을 더욱 부추길 뿐이다. 이런 순간이 오면 부모는 항상 딸의 편이고, 먼저 다가와 줘서 고맙다는 신호를 보내며 딸을 한층 더 깊이 보듬는 일이 중요하다.

자신의 사춘기와 작별하기

많은 부모들은 '나 때도 그런 일은 허용되지 않았어!', '옛날 같았으면 그런 건 상상도 못 할 일이야!' 같은 말로 딸의 사춘기를 자신의 사춘기와 비교하려 든다. 자신이 사춘기에 겪었던 상처나 실망감을 무의식적으로 아이에게 투영시키기도 하고, 부모의 생각이 자녀를 대하는 태도에 영향을 미치는 일도 드물지 않다. 예를 들어 부모가 첫사랑이나 특정한 취미생활을 허락하지 않았던 경우가 그렇다. 그래서 자녀가 사춘기에 접어들었다면 부모는 먼저 애정 어린 마음으로 우선 자신의 사춘기에 애정을 담아 작별을 고해야 한다.

내 마음 읽기

나는 사춘기를 어떻게 보냈는가? 그때를 떠올리면 어떤 감정이 드는가? 부모 자신의 사춘기에 대한 생각과 감정을 글로 정리해 보면 좋다.

그리고 다음의 세 가지를 참고하면 나의 사춘기에 작별을 고하고 딸의 사춘기가 들어설 자리를 만들어주는 데 도움이 될 것이다.

1. 내가 겪었던 사춘기는 딸이 지금 보내고 있는 사춘기와 비교할 수 없다. 나의 사춘기는 과거일 뿐이다.

2. 나의 딸은 소녀에서 여성으로 변해 가는 중이다. 나도 변했다. 나는 이제 어린아이도 청소년도 아닌 성인이자 부모다.

3. 딸에게 내가 그 시절에 되고 싶어 했던 어른, 내가 필요로 했던 어른이자 부모가 되어 주도록 노력해 보라.

효력을 잃은 기존의 규칙들

가끔은 불현듯, 딸이 끊임없이 "왜?"라고 묻던 시절로 돌아간 기분이 들 것이다.

"왜 저녁 먹기 전에 초콜릿을 먹으면 안 돼요?"
"그건 건강에 좋지 않기 때문이지."
"왜 안 좋은데요?"
"먼저 좋은 음식을 먹고 후식을 먹는 게 좋거든."
"왜요?"
"그냥 그게 건강에 더 좋아."
"왜요?"
"그냥 원래 그렇다니까."
"그러니까 왜 그런 건데요?"
"엄마가 그렇다면 그런 거야. 이제 그만 물어보렴."

아마도 매사가 이런 식이었을 것이다. 부모도 자신의 태도가 썩 마음에 들지는 않았겠지만, 어쨌거나 그쯤이면 아이들도 대개 질문 공세를 멈춘다. 정 안 될 것 같으면 다른 데로 얼른 주의를 돌리는 방법도 있었다. 그러나 조심스레 경고하건대, 지금은 그때와 상황이 조금 다르다.

규칙에 의문을 품는 아이들

딸은 이제 가족 내에서 새로운 역할을 모색하고 부모의 권위에 의문을 품는 데서 그치지 않고, 부모가 정한 규칙에도 회의적인 시선을 던지며 날마다 거리낌 없이 이를 표출한다. 부모와 입씨름을 벌일 때면 끈질기게 왜냐고 따진다. 부모의 어떤 설명에도 만족하지 못하며 심지어 기존의 규칙을 거부할지도 모른다. 이는 부모에게 감당하기 힘든 일일 뿐 아니라 커다란 불안감을 유발시키기도 한다. 갑자기 딸이 규칙을 어기기 시작하면 부모는 아이에 대한 통제권을 잃었다고 느낀다. '일요일 아침에 온 가족이 함께 아침 식사 하기'와 같은 사소한 규칙이라면 몰라도, 수학이 싫어도 학교는 다녀야 한다거나 지금 당장 침대에서 일어나라는 식의 부모가 정한 규칙 이상의 중대한 규칙을 거부하는 경우가 문제다. 이쯤 되면 딸이 무단결석을 하거나 성적이 떨어지지는 않을지, 밤늦게까지 깨어 있느라 잠이 부족하지는 않을지, 딸에게 무슨 일이 생기지는 않을지 걱정에 잠 못 이루는 것도 무리는 아니다.

그래서 딸이 규칙을 무효화하기 시작했다면 딸과 꾸준히 접촉하고 대화하며 소통을 소홀히 하지 않는 일이 더욱 중요하다. 딸들의 말에 귀를 기울이고 그들의 의견과 바람을 존중해준다면 기존의 중요한 규칙을 그대로 유지하며 새로운 규칙을 함께 만들어 나아갈 수 있을 것이다.

새로운 전략: 기존 규칙과 새로운 규칙의 통합

기존 규칙과 새 규칙을 현명하게 통합시키는 전략에도 예의 네 가지 기본 원칙을 활용할 수 있다.

이해하기: 다가올 삶에 대한 갈망

딸들은 현재 자기 자신을 새롭게 발견하고 잠재된 가능성을 탐색하는 중이다. 아이들은 어려서부터 한두 번 규칙을 어겨 보기도 하지만, 사춘기는 그야말로 이를 제대로 시험해 볼 기회의 장이다. 이때는 딸이 밖에서 무엇을 하든 부모가 일일이 통제할 수도 없고 어차피 부모도 그러한 일은 원하지 않는다. 그러니 딸은 점점 활동 반경을 넓히며 독립적으로 움직이게 된다. 새로운 자유를 획득했으니 그 범위가 어디까지인지 확인해 보고 싶은 것도 당연하다. 실제로도 자유의 경계는 이전에 비해 확장되어 있다.

그와 더불어 훨씬 자율적이고 독립적인 삶에 대한 갈망과 욕구가 샘솟는다. 이것이 지극히 자연스러운 현상임은 의학적으로도 이미 증명되었다. 다만 기존의 규칙들이 걸림돌이 된다. 지금껏 규칙을 만들고 수호해 온 부모까지 심판대에 세우는 마당에 규칙 자체를 인정할 리 있겠는가. 이 모든 일들이 동시에 발생한다는 사실을 이해하면 사춘기 딸이 어째서 말대꾸하고 반항하며 부모를 시험하려 드는지도 납득이 갈 것이다.

믿어주기: 보호의 틀 안에서 누리는 자유

책의 초반에서도 설명했듯이 사춘기 소녀들의 여러 뇌 영역은 제각기 다른 속도로 발달한다. 그래서 새로운 경험을 갈망하지만 감정을 조절하고 위험을 제대로 예측하는 능력은 아직 미숙하다. 이는 곧 딸에게는 무한한 사랑과 보살핌을 쏟아 줄 부모가 여전히 필요하다는 뜻이다. 무슨 일이든 허락해 주거나, 해도 되는 일과 안 되는 일을 알아서 결정하도록 내버려두는 것은 아이 인생에 도움이 되지 않는다. 딸들이 아직 자신에게 옳고 그른 일을 판단할 능력을 갖추지 못했기 때문이다.

무조건적인 허용보다는 딸에게 일정한 가이드라인을 마련해주고 그 안에서 움직이는 한 안전하다는 사실을 자녀가 느낄 수 있게 해 주는 일이 중요하다. 이는 자녀를 둔 부모라면 누구라도 예외는 없다. 그리고 예로부터 학교를 비롯한 교육을 이수할 의무, 딸과 협의해 정한 귀가 시간을 지킬 의무 등은 부모가 이러한 역할을 수행할 수 있게 도와주는 규칙들이다. 모든 부모는 규칙을 정할 권리를 가지지만, 여기에는 자녀들과의 합의가 바탕이 되어야 한다.

딸들에게는 가이드라인이 필요하다. 그것이 딸에게 꼭 필요한 행동의 기준을 제공해 주기 때문이다. 부모와 자녀가 함께 정한 확고한 규칙은 딸들은 물론 부모에게도 도움이 될 것이다.

그 밖의 규칙들도 딸과 머리를 맞대고 고민하며 손볼 필요가 있다. 예컨대 딸은 이제 일요일에 가족들과 아침을 먹는 것보다 늦잠을 자거나 친구들과 전화로 수다를 떨거나 그저 조용히 쉬고 싶어 할지도 모른다. 당연히 그렇게 해도 된다. 그래도 아쉬움이 남는다면 한 달에 한 번 정도는 함께 아침 식사를 하자고 타협해 보면 어떨까? 이제부터는 가족 모두에게 중요한 공동생활의 세부 사항을 딸들과 협의하는 것이 좋다. 규칙을 함께 정하면 모두가 지키게 되어 있다.

놓아주기: 더 많은 자유를 누릴 권리

부모에게 주어진 과제 중 적잖은 비중을 차지하는 또 다른 원칙은 놓아주기다. 부모는 자녀에게 더 많은 자유를 허용해 넓은 세상을 경험하게 해야 한다. 그러기 위해서는 부모도 주기적으로 솔직하게 자신을 돌아보아야 한다. 자신이 정해 둔 규칙들이 아직도 유효하다고 믿는가? 너무 구시대적이지는 않은가? 딸들은 꼭 부모와 여름휴가를 보내야 하는가? 청소년 여행 프로그램에 참가시키는 것이 더 낫지 않을까? 부모는 이러한 규칙들이 여전히 유효한지 솔직하게 재검토해야 한다.

부모가 자유의 범위를 늘리고 딸들의 바람에 진지하게 귀를 기울이며 애정 어린 태도로 지켜본다면 딸도 부모가 중시하는 규칙들을 자발적으로 따르게 된다. 부모가 무작정 엄격한 규칙으로 자신을 구속하려는 것이 아니라 그저 자신을 보호하려고 했을 뿐임을 깨닫기 때문이다.

기다려주기: 규칙과 일탈의 경계

평소에 아주 성실하고 책임감이 강한 딸이라도 예외는 있는 법이다. 무단결석을 하거나 친구의 생일파티에 갔다가 통금시간을 넘길 수도 있고 호기심에 친구들과 술을 한 모금 마셔볼지도 모른다. 그런 일로 내 딸을 비행 청소년이라고 속단하는 것은 금물이다. 때로는 깨라고 있는 게 규칙이기 때문이다.

이런 경우에는 먼저 딸이 정말로 규칙을 어겼는지, 그런 일이 얼마나 자주 반복되었는지 점검하라. 중요한 것은 부모의 반응과 대처다. 물론 실망하고 화를 내고 걱정해도 된다. 이는 부모로서 당연한 반응이다. 뜬눈으로 밤을 지새우며 불안한 마음으로 기다렸을 테니 딸도 이를 알아야 한다. 다만 외출금지령이나 친구들과의 연락을 차단하는 식의 처벌은 별 의미가 없다. 도리어 딸이 이를 받아들이지 못하고 화를 내다가 종국에는 부모와 거리를 두게 된다. 따라서 이때는 학교에 왜 안 갔는지, 친구들에게 쿨해 보이고 싶었는지, 혹시 숙제를 안 해서 그랬는지 딸과 긴밀하게 소통해야 한다. 평소 부모를 신뢰하던 딸이라면 솔직하게 털어놓아도 괜찮다는 것 또한 안다. 그러므로 거짓말을 하거나 부모를 속일 필요도, 몰래 약속을 어길 이유도 당연히 없다.

나의 사춘기 일탈을 상기하라

부모들은 종종 자신이 사춘기 때 했던 행동을 잊어버리거나 일부러 기억에서 떨쳐 버린다. 그러면서 부모의 시선으로 자녀를 평가하니 그들의 행동을 이해하지 못하는 것이다. 몰이해는 아이를 멀어지게 만든다. 그러나 청소년 자녀와는 친밀한 관계를 유지하는 일이 중요하다. 사춘기 소녀의 감정을 잘 이해하려면 자신이 사춘기 때 저질렀던 일탈을 한번 되돌아보자.

내 마음 읽기

나는 사춘기에 부모님 앞에서 어떻게 행동했고 어떤 규칙을 어겼는지 생각해 보자. 딸이 규칙을 어기더라도 정서적 교류를 유지하기 위해서는 다음 세 가지 사고를 염두에 두어야 한다.

1. 딸이 집안 내 규칙에 의문을 품고 이를 바꾸려 하거나 언쟁을 벌이는 일은 매우 바람직하고도 중요하다. 가정은 부모라는 항구가 있는 안전한 장소이므로 그러한 시도를 해 보기에 적격이다. 비유하자면 집은 외부의 삶을 경험하기 위한 실전 훈련장인 셈이다.

2. 딸이 번번이 부모와 입씨름을 벌이는 것은 부모와 교류하고 싶다는 의미이기도 하다. 부모가 자신을 보아주고 자기 말을 들어주며 자신의 존재를 인지하고 있는지 확인하려는 것이다.

3. 딸이 훗날 부모 없이 살아갈 수 있도록 대비하는 일 역시 부모의 임무다. 따라서 딸이 자기 자신이나 다른 모든 것을 시험해 보는 동안 부모는 든든한 동반자가 되어주어야 한다.

이해와 몰이해: 가족을 이해하지 못하는 사춘기

때로 부모들은 한없이 막막한 기분이 든다. 딸이 부모의 행동 하나하나, 말 한마디 한마디를 오해하는 탓이다. 일부러 오해하는 척 삐딱하게 구는 게 아닌가 싶기도 하다. 질문하거나 대화하려고 해도 대답조차 하지 않는 일도 허다하다. 재차 물으면 퉁명스럽다 못해 부모의 마음을 아프게 하는 반응이 돌아온다. 그래도 차분히 이야기하려고 하면 화를 내며 격앙된 반응을 보이는데, 부모는 그 이유조차도 가늠할 수가 없다.

그러다 보니 딸과 무언가를 의논하며 함께 해결 방법을 고민하거나 합의점을 찾는 일은 점점 더 어려워진다. 가끔은 아이의 마음이 움직이지 않을까 싶은 실낱같은 희망을 품고 비위를 맞추며 구슬려 보기도 한다. 하지만 오히려 아이가 마음의 문을 더욱 굳게 닫아 버리는 역효과를 낳을 수도 있다. 부모는 차츰 부모 역할을 맞지 않는 옷처럼 불편하게 느끼게 되고 딸들에게서 어떤 반응이든 끄집어내기 위해 점점 더 명령조로 말하거나 성마르게 행동하고 있는 자신의 모습을 깨닫는다. 내가 가장 되고 싶지 않았던 부모가 되어 버린 듯해 한없이 못마땅하다. 이는 무력감으로 이어지기도 한다. 그래서 대화할 때 언성을 높이며 딸을 몰아붙이게 되는데 결국 누군가가 문을 세게 닫아야 끝이 난다.

서로 다른 언어를 쓰는 부모와 딸

때로는 아이들이 나와 다른 언어를 쓴다는 느낌을 받을 수도 있다. 그런데 통역은커녕 서로의 언어를 해석하는 데 필요한 사전도 없다. 의사소통할 때의 태도 뿐 아니라 딸이 쓰는 언어도 달라졌다. 친구들과의 대화를 듣고 있노라면 무슨 외계인 같다. 처음 듣는 희한한 단어를 사용하는데 과연 그 의미를 알고 쓰는지, 아니면 그냥 쿨해 보이고 싶은 건지 분간이 안 간다. 부모와 이야기할 때도 그런 말투나 어휘를 쓰면 부모는 난감하기 그지없다. 그냥 좀 널널하게 하면 안 되느냐, 엄마, 아빠는 인생을 힘들게 산다, 또 발작 버튼이 눌렸느냐는 말을 어느 부모가 그냥 넘기겠는가. 말을 이해할 수 없으니 아이와의 소통로가 차단된 느낌이다.

새로운 전략: 공통의 언어 찾기

이때도 마찬가지로 예의 네 가지 기본 원칙을 활용할 수 있다.

이해하기: 낯선 언어, 낯설어진 딸

언어는 엄청난 위력을 발휘한다. 특정한 의도로 사용된 언어는 상대방을 감동시킬 수 있지만, 반대로 압박하거나 비수가 되어 상대방의 가슴에 꽂히기도 한다. 사춘기는 언어와 표현 방식을 통제하는 법을 배워 나아가는 시기다. 자신의 언어가 타인들에게서 어떤 반응을 이끌어낼 수 있고, 그로 인해 목적을 달성할 수 있다는 것도 알게 된다. 사춘기 딸에게 언어는 새로 획득한 중요하고 강력한 도구다.

이게 다가 아니다. 사춘기 소녀들에게 언어는 부모를 비롯한 모든 어른과 자신을 구분짓는 수단이 되어준다. 새로운 단어와 표현에는 자신은 부모와는 다른 존재라는 메시지가 담겨 있다. 기존의 의사소통과 언어 사용

방식은 대체로 어른들에게서 배웠기 때문이다. 아이들은 부모나 교사로부터 타인과 대화하는 방식을 교육받거나 그들을 본보기 삼아 학습한다. 반면에 청소년들의 언어는 세대 간에 선을 긋고 거리를 두는 수단이다. 어른들의 귀에는 이해할 수 없고 기괴하게까지 들리겠지만 그게 바로 청소년들이 노린 것이다. 청소년 언어의 의미와 목적은 바로 여기에 있다.

말하자면 사춘기 딸의 전반적인 행동 방식과 마찬가지로 언어 사용의 변화도 지극히 자연스러운 분리 과정의 일부분이다. 사춘기 딸은 부모뿐 아니라 자기 자신을 이해하는 데도 어려움을 겪고 있으므로 이성적인 의사소통이 어렵다.

그런데 어휘 선택 외에도 대화하는 태도 전체가 하루아침에 예측 불가능하게 돌변한 원인은 무엇일까? 부모에게는 참으로 힘든 일이지만, 우선 딸이 온전히 자기 자신에게 집중하고 있음을 말해야겠다. 내면의 감정 세계를 파악하려 스스로에게 끝없이 몰두하고 있는 것이다. 나는 도대체 누구인가? 왜 갑자기 이전과는 다른 감정이 느껴질까? 이런 생각을 하다 보니 말을 걸어도 반응이 없다. 정신이 팔려있는 것처럼 보여도 사실은 대부분 자기 세계에 빠져 있을 뿐 일부러 말을 못 걸게 만들려는 의도는 없다. 사실 누구보다 힘든 사람은 오히려 아이 자신이다. 부모와의 의사소통은 둘째치고 자신과도 소통이 되지 않기 때문이다. 이는 딸에게 극도의 스트레스를 준다.

딸과의 언쟁에서 논리적인 의견 교환은 거의 불가능하다고 보면 된다. 딸은 지극히 감정적으로 반응하는데, 짜증, 분노, 슬픔 같은 감정도 제대로 조절하지 못할 때가 많다. 앞서 설명했듯이 그 원인은 특히 충동 조절을 담당하는 뇌 영역이 사춘기 때 느리게 발달하는 데 있다. 하지만 시간이 지나면 이는 저절로 갖추어질 것이다.

믿어주기: 바위처럼 굳건한 부모

의사소통 문제에서도 우리는 강한 부모가 되어야 한다. 여기에서 강한 부모란 딸과의 대화나 언쟁에서 우월한 입지를 점하는 존재가 아니라 딸에게 믿음직스럽고도 든든한 대화 상대가 되어 주는 부모를 가리킨다. 내가 부모라는 사실은 바뀌지 않는다. 딸이 다른 생각에 빠져 있거나 부모가 말을 걸어도 대답하지 않는다고 이를 감정적으로 받아들이며 모욕감이나 상처받은 마음을 내비치는 일은 바람직하지 않다. 지금은 딸이 힘든 시기를 보내고 있다는 사실만 상기하라.

딸과 대화할 때 신뢰감을 주고 싶다면 차분한 어조로 말을 걸고 대화의 목적을 분명히 전달한다. 필요하다면 어깨에 가볍게 손을 올리는 식으로 주의를 환기시켜도 좋다. 그리고 "다음 주말 일정에 관해서 잠깐 이야기를 나누었으면 해."라는 식으로 용건을 확실하게 표현하라.

딸은 특히 부모와 언쟁을 벌일 때 감정을 잘 다스리지 못한다. 이때는 대화하는 내내 부모가 흔들리지 않고 차분한 태도를 유지하는 것이 큰 도움이 된다. 언쟁이 벌어졌을 때 딸이 지나치게 격한 반응을 보인다고 해서 부모에게 악감정이 있다고 생각하거나 부모 역할에 회의를 품을 필요는 없다. 딸은 지금 부모에게 화가 나 있다. 그래서 소리를 지르거나 모욕적인 언사까지 내뱉을지도 모른다. 화가 나 있고 기분이 엉망이라는 것을 알리고 싶기 때문이다.

자신의 혼란스러운 기분을 부모 역시 똑같이 느끼기를 바랄 수도 있다. 주말 외출 시간 제한이나 친구 집에서 자고 오기 등 부모가 충분히 숙고하고 결정한 일이 다툼의 원인이라면 덩달아 흥분하거나 자리를 피하지 말고 단단히 중심을 유지하라. 차분하면서도 명확한 어조로 "실망한 마음은 이해하지만 나는 네 엄마로서 옳은 결정을 내렸다고 생각해."라고 말하는 편이 훨씬 더 효과적이다. 딸이 못마땅한 표정으로 방으로 들어간다면 일단은 내버려두고 원하는 대로 잠시 거리를 두는 게 좋다. 그리고 얼마쯤 시간이 지난 뒤에 방문을 두드리고 다시 한번 차분히 대화를 시도하자.

놓아주기: 부모와 대화하고 싶지 않은 아이들

이때도 부모에게는 놓아주기라는 과제가 주어진다. 예를 들어 어떤 문제든 자녀들과의 대화를 통해 해결할 수 있을 거라는 희망을 버리는 법도 배워야 한다. 사춘기에는 딸과 부모가 각각 원하는 것과 상상하는 것이 도저히 타협할 수 없을 만큼 동떨어질 수도 있으니 말이다.

앞서도 이야기했듯이 통금시간처럼 특정 문제에 대해 부모가 결정을 내렸다면 딸이 펄펄 뛰며 고집스럽게 거부하거나 실망하는 모습을 보여도 아랑곳하지 말아야 한다. 이 역시 피할 수 없는 자연스러운 과정이다.

부모는 이제 딸이 더 이상 부모와 소통하고 싶어 하지 않음을 이해해야 한다. 부모는 여전히 딸과 대화하고 싶어 하고 딸이 부모를 믿고 모든 것을 털어놓기를 바란다. 그러나 이제 딸이 점점 자주 혼자 틀어박혀 있거나 친구들하고만 대화하려 해도 수긍하고 받아들여야 한다. 그리고 너그러운 이해심으로 압박하지 말고 내버려두어야 한다. 그러면 딸이 필요할 때 스스로 부모를 찾아와 대화를 시도할 가능성도 높아진다.

부모는 자신이 더 이상 딸의 가장 중요한 대화 상대가 아님을 인정해야 한다. 딸은 이제는 또래 아이들과 자신들만의 언어로 더 많은 것을 나누고 싶어 한다. 그 언어가 심히 거슬려도 참견해서는 안 된다. 딸이 성인이 되어서도 비속어를 남발하는 일은 없다. 그러니 안심하고 마음껏 자신을 표현할 기회를 주어라. 그러나 딸과 눈높이를 맞추어 대화한답시고 아이들의 언어를 흉내 내어서는 안 된다. 그냥 여유롭게 받아치면 양쪽 다 웃음을 터뜨리며 화기애애하게 넘어갈 수도 있을 것이다. 다만 놀리는 듯한 말투는 금물이다.

향후 몇 년 동안은 부모와 딸이 자기표현과 메시지 전달의 도구로 사용할 나름의 언어를 만들고 공유할 수도 있다. 그 과정에서 험난한 시기가 찾아오거나 서로를 이해하려는 시도가 실패로 돌아가기도 한다. 그러나 그 시간은 영원하지 않다. 모든 것은 다시 변한다는 사실을 마음 깊이 새기자. 또한 이따금 딸의 의견에 반하는 결정을 내릴 수밖에 없는 상황이 와도 변함없이 딸을 존중하며 진솔한 교류를 나눌 준비가 되어 있음을 알려 주어라. 이는 다음에 설명할 기본 원칙인 기다려주기와도 일맥상통한다. 기다림이란 언제든 딸과 소통할 준비가 되어 있다는 뜻이다.

기다려주기: 언제나 열려 있는 소통의 문

의사소통이 어려워지고 대화가 단절되는 일이 잦아진다면 부모는 기다려주기를 연습해야 한다. 딸이 먼저 다가와 부모 곁을 맴돌거나 조언을 구하면 하던 일을 잠시 멈추어야 한다. 자리에 앉아 함께 차 한 잔을 마시며 네 이야기를 듣기 위해 일부러 시간을 만들었다는 메시지를 보내라. 바쁜 일상에서는 짬을 내기 어려울 때도 있고 혹은 딸과 말다툼을 벌인 후 화난 마음이 진정되지 않아 조용히 대화를 나누고 싶지 않을 수도 있다. 그러나 지금은 부모의 준비된 자세를 보여주어야 할 때다. 이 기회에 딸의 어떤 행동이 부모를 힘들게 하고 상처를 주는지 설명해 줄 수도 있다. 이때 차분한 어조와 애정 어린 태도는 필수다.

중요한 점은 차분하고 균형 잡힌 대화의 문을 활짝 열어 두고 부모가 딸과의 교류를 매우 중요하게 여기고 있다는 신호를 보내는 일이다.

대화 유지하기

딸과 대화하기가 너무나 까다로워 번번이 벽에 부딪힌다고 하소연하는 부모들이 많다. 이들은 언젠가 자녀와의 대화는 물론 완전히 끊어지지 않을까 두려워한다. 이런 부모가 딸과 대화하는 모습을 살펴보면 쉽게 자제력을 잃고 딸에게 고함을 치거나 심지어 아이를 함부로 대하는 경우도 드물지 않다. 그러다 보면 원래 이야기하려던 문제는 뒷전으로 밀려나고 일촉즉발의 상황만이 남는다.

내 마음 읽기

딸과의 갈등에서 무엇이 어려운지 정리해 보자. 언쟁이나 다툼이 벌어지면 어떤 감정이 드는가? 다툼이 벌어질 때 나는 어떤 역할을 하는가? 스스로 고치고 싶은 점은 무엇인가? (태도, 다투는 방식 등)

다음 세 가지 기본 사고는 긍정적인 상호 이해의 길을 찾는 데 도움이 될 것이다.

1. 딸과 함께 새로운 소통방식을 모색하는 일은 매우 흥미롭다. 새로운 상호 이해의 길이란 상대방을 한 인간으로서 새로이 발견하고 양쪽의 관계에 발전을 도모한다는 뜻한다.

2. 분노와 짜증은 관계를 단절시키지만 호기심은 거리를 좁힌다. 딸의 새로운 관점, 표현 방식, 접근법에 대한 호기심은 부모와 딸 사이에 새로운 이해의 문을 열어준다.

3. 진솔한 교류는 상호성에 기반을 둔다. 딸의 심정이나 바람을 알고 싶다면 부모가 먼저 마음을 열어 보여야 한다.

관점의 차이: 구세대와 신세대, 두 세계관의 충돌

아마도 부모들은 지금껏 훌륭한 가치관과 윤리관으로 딸을 무장시켜 주었을 것이다. 적어도 그러기 위해 심혈을 기울였으리라 생각한다. 정직함은 가장 큰 무기이며 폭력은 해결책이 될 수 없고 성실함은 보상받게 되어 있음을 일찍부터 일깨워주었을 터이다. 견해차가 발생했을 때는 서로 대화하고 의견을 교환하는 일이 중요하다는 사실을 몸소 실천해 보이려 노력했다. 또한 겉모습보다 내면의 가치가 더 고귀하며 물질적인 것이 전부는 아님을 보여주는 일도 중요하다. 물론 부모도 사람이므로 완벽할 수는 없다. 그러나 노력했다는 것 자체가 대단한 일이다! 어쩌다 실수를 저질렀어도 진심 어린 사과를 전했다면 그걸로 충분하다.

가치관의 변화

그런데 지금은 어떤가? 아마 지금까지의 노력이 다 헛수고처럼 느껴질지 모른다. 딸의 인생관과 목표가 하루아침에 완전히 달라진 것처럼 보이기 때문이다. 어느 날 갑자기 딸이 인플루언서가 되겠다고 선언한다. 큰돈을 쉽게 벌고 멋진 물건이나 여행 기회를 공짜로 얻을 수 있기 때문이란다. 이런 장밋빛 미래를 꿈꾸게 만든 롤모델은 다름 아닌 미성년자 티가 물씬 나는 얼굴에 온갖 필터 효과를 입혀놓고 스마트폰 카메라에 대고 온종일 자신이 뭘 했는지 시시콜콜 떠들어대는 금발머리 소녀다. 내 딸 눈에 이게 멋져 보인다니 믿을 수가 없다. 그건 제대로 된 직업이 아니라 알맹이 없는 일이라고 한마디 하면 딸은 모난 눈으로 쏘아보며 엄마, 아빠는 아무것도 모른다고 비아냥거린다. 기가 막힐 노릇이다.

타협 불가 사춘기 세계관

어떤 집 딸은 뜬금없이 환경운동가를 자처할지도 모른다. 중대한 사회문제에 목소리를 높이는 모습은 물론 기특하지만 하루아침에 투쟁가처럼 행동하는 모습을 보면 떨떠름할 수밖에 없다. 부모가 아보카도만 먹어도 엄마, 아빠가 자신의 미래를 망치고 있다고 야단법석을 떠는 딸의 모습을 상상해 보라(아직도 잘 모르는 부모님들을 위해 설명하자면, 아보카도 재배에는 엄청난 물이 소비되며 경작지 확보를 위해 파괴되는 산림면적 또한 어마어마하다). 무심코 올해 여름휴가는 해외로 가는 게 어떠냐고 제안했다가 딸아이가 며칠 동안이나 입을 닫아버릴지도 모른다. 이 젊은 환경 운동가에게 건설적인 토론 따위는 없다. 부모도 환경을 생각하며 아이들과 함께 지속 가능한 삶을 누리기 위해 노력하고 있지만, 이따금 어쩔 수 없는 사소한 예외가 생길 수 있다고 설명해도 돌아오는 것은 냉소와 비웃음뿐이다.

어떤 집 딸은 정치에 막 눈뜬 참이다. 엄밀히 따지면 이것도 분명 좋은 일이지만, 문제는 딸이 다른 의견을 절대 수용하지 않는다는 점이다. 특정한 사안에 대해 부모가 왜 의견이 다른지 설명해 주고 싶어도 자기 할 말만 일방적으로 쏟아내는 딸 앞에서 부모는 입도 벙긋하지 못한다. 결국 딸은 엄마, 아빠는 아는 것도 없고 구시대적인 사고방식을 가졌다고 혼자서 결론을 내 버린다.

뜬금없이 전혀 다른 가치관을 내세우는 딸을 보며 부모는 걱정스러운 마음이 든다. 딸의 세계관 또한 부모와는 완전히 동떨어져 있다. 너무나 낯선 모습에 우리는 딸이 앞으로 어떻게 자랄지 의문을 품게 되고, 나아가 조금은 슬픈 마음이 들지도 모른다. 딸이 부모의 존재와 부모의 삶,

나아가 지금까지 살아온 자신의 삶마저 부정하는 것 같아서다. 부모에게는 참으로 가슴 아픈 일이 아닐 수 없다.

새로운 전략: 같은 미래를 보며 나아가기

이때는 예의 네 가지 기본 원칙을 다음과 같이 활용할 수 있다.

이해하기: 딸이 다른 관점을 고집하는 이유

딸이 갑자기 세상만사를 부모와 전혀 다른 관점으로 보게 된 이유는 무엇일까? 무엇이 기폭제가 되었을까? 알고 보면 그 이유는 단순하다. 딸은 그저 나만의 정체성과 개성을 찾고 있을 뿐이다. 딸은 자신이 누구인지 알고 싶어 한다. 그 답을 찾는 유일한 길은 부모와 선을 긋고 자유를 확보하는 일이다. 이는 부모와 같은 눈높이에서 부모에게 의문을 품고 부모를 비판함으로써 이루어진다. 지금껏 유효했던 부모의 세계에서 벗어나 세상으로 자유롭게 헤엄쳐 나아갈 때 아이들의 선 긋기는 완성된다.

딸이 독립적인 세계관과 가치 체계를 발견하려면 부모로부터 거리를 둘 수밖에 없다. 딸의 선 긋기는 부모의 관점에서 탈피해 다른 입지에 서는 데서부터 시작된다. 거리두기라는 조건을 먼저 충족시키는 것이다. 부모에게는 이 뜻밖의 상황이 당황스럽고 받아들이기 힘들 수 있다. 아이가 부모를 거부한다고 느껴지기 때문이다. 그러나 이는 결코 그렇지 않음을 명심하라. 이는 딸이 부모에게서 벗어나 자신만의 관점과 관념을 확립

해 나아가는 자연스럽고 중요한 발달 과정이다. 그리고 사춘기가 새로운 것을 시도하고 실험해 보는 시기라는 점 또한 고려해야 한다. 새로운 의견, 자신만의 관점, 다양한 토론 방식 또한 새로운 시도와 실험의 대상임을 유념하라.

믿어주기: 다양한 관점 수용하기

딸의 이야기에 귀를 기울이고 끊임없이 대화하는 일은 물론 중요하다. 그러나 아이의 말을 반드시 수용하라는 이야기가 아니다. 반대로 아이에게 부모의 의견을 강요해서도 안 된다. 어차피 이 시기에는 아무리 납득시키려고 해도 소용없다. 또한 부모와 딸은 모두 서로 다른 관점과 의견을 가질 권리가 있다. 어느 하나가 반드시 옳거나 그르다는 법은 없다. 혹시 내년에는 견해차가 좁혀질지 누가 아는가? 그러니 지금은 관점이나 의견이 일치하지 않아도 괜찮다.

부모와 다른 관점으로 세상을 보는 일은 딸의 성장에 매우 중요하다. 이 사실을 유념하는 것은 부모에게 큰 도움이 된다. 더불어 정치나 직업 선택에 관한 언쟁이 갈등의 시발점으로 변질되지 않도록 주의해야 한다. 사춘기 아이들은 특히 부모와 자기 자신을 향해 잦은 분노를 느끼고 갈등을 통해 그 공격성을 해소하려는 경향이 있다. 이때 화풀이 대상이 되는 사람은 주로 부모다.

그럼에도 부모는 믿음직스러운 대화 상대가 되어 아이의 말에 귀 기울여 주어야만 한다. 딸이 가족의 삶을 지속 가능한 형태로 개선시킬 만한 아이디어를 제안하거나 정치 발전에 대한 자신의 견해를 피력하고자 할 때 말이다. 단, 논쟁이 지나치게 격화될 때 "그만."을 외치는 것 또한 부모의 역할이다. "네가 무슨 말을 하고 싶은 건지는 이해하지만 엄마, 아빠 생각은 달라. 물론 그래도 괜찮아. 우리 의견이 항상 같아야 할 필요는 없으니까."라고 딸에게 명확히 설명해 주어야 한다.

놓아주기: 자유로부터 얻는 신뢰

부모는 십수 년간 넘치는 사랑과 책임감을 발휘하며 딸의 곁을 지켜왔을 뿐 아니라, 책임감 있는 청년으로 성장할 수 있는 가능성을 내면에 심어 주었다. 그리고 지금, 딸들의 세계관이 부모로부터 분리되고 있음을 감지했다면 이제는 딸을 놓아주어도 된다. 이는 자연스러운 과정이니 걱정할 필요 없다. 놓아준다는 것은 자녀들의 성장 발달과 지적 잠재력에 믿음을 품고 있다는 의미다. 아이들은 부모가 다져놓은 정신적 초석 위에 새로운 경험들로 집을 지으며 나름의 세계관을 만들어 나갈 것이다. 이때 든든하게 곁을 지키는 부모의 존재는 아이에게 더 큰 힘을 실어준다.

기다려주기: 함께 찾아가는 답

딸이 무언가에 의문을 품고 이해하고자 하며 부모와 대화를 나누고 싶어 할 때는 반드시 그 자리에 있어 주어야 한다. 간혹 부모도 이해하기 어렵거나 다소 거북한 문제를 들고 올지도 모른다. 그래도 결코 회피해서는 안 된다. 그런 건 알 필요가 없다거나 어려서 아직 이해하지 못한다는 식의 반응은 적절치 않다. 부모라고 모든 답을 알고 있어야 하는 것은 아니니 나도 잘 모르겠다고 대답해도 상관없다. 부모와 자녀가 함께 좋은 답을 찾아갈 수 있음을 딸에게 보여주는 일이 중요하다. 기다려준다는 것은 딸의 모든 질문에 열린 태도로 임한다는 뜻이다. 당장 대답해 줄 수 없다면 아이 스스로 답을 찾을 수 있게 도와주자.

부모는 자녀에게 정보를 수집하는 방법을 몸소 실천해 보여야 한다. 예컨대 정치와 관련된 질문이 나오면 함께 인터넷을 검색하거나 신문을 읽어보자. 이로써 아이들은 어떤 문제를 다양한 관점에서 조명하고 열린 태도로 바라보며 타인의 의견을 들어보고 나름의 견해를 다지는 과정을 배우게 된다. 더 도와주고 싶다면 아이가 궁금해하는 문제에 대답해 줄 수 있는 적절한 대상을 물색해 보라. 부모는 만물박사도, 만능도 아님을 아이에게도 일깨워주면 좋다. 부모의 역할은 아이가 의문에 답을 찾아갈 때 곁에 있어 주기만 해도 충분하다. 때로는 보다 적극적으로 행동하며 가까이서 아이의 곁을 지켜 주거나, 때로는 조용히 한발 물러서서 지켜보면서 말이다.

극단주의에 이끌리는 청소년들

이 문제에서 나는 건전한 선 긋기가 가장 중요하다고 생각한다. 부모와는 다른 견해를 갖거나 기존의 세계관과 가치 체계 전반에 의문을 품는 일 모두 건전한 선 긋기에 속한다. 이는 정상적이고 중요한 성장 과정이다. 그러나 사춘기에는 극단적인 세계관에 이끌리고 위험한 정치 집단이나 종교 집단을 기준으로 삼게 될 위험도 있다. 이런 일은 온오프라인에서 모두 발생하므로 부모는 늘 각별한 주의를 기울여야 한다. 아이가 그러한 세계관에 동조하거나 해당 집단에 소속되어 있다는 의심이 들면 부끄럽게 여기지 말고 즉시 전문가의 도움을 구하자.

나만의 가치관 찾기

서로 다른 가치관과 세계관은 사람들을 멀어지게 만들고 몰이해와 거부감, 분노를 촉발시킬 수 있다. 자녀가 다른 관점으로 세상을 보기 시작하면 부모는 아이와 점점 멀어지지 않을까 두려워한다. 아이가 평생 간직하기를 바랐던 바람직한 가치 체계를 더 이상 인정하지 않으면 근심에 빠지기도 한다. 신뢰와 수용은 그러한 관점 차를 극복하고 부모와 자녀가 한 곳을 바라볼 수 있게 해 준다.

내 마음 읽기

딸과의 언쟁은 왜 어려운지 생각해 보자. 딸과 갈등이나 다툼이 벌어졌을 때 어떤 감정이 드는가? 나는 다툼에서 어떤 역할을 하는가? 언쟁할 때의 태도, 나와 딸이 갈등에 임하는 방식 등 특별히 변화시키고 싶은 부분이 있는가?

나와는 다른 딸의 관점을 수용할 때는 다음 세 가지 기본 사고가 도움이 될 것이다.

1. 언제든지 타협에 임하는 능력은 인간관계 구축에 큰 도움이 된다. 이 능력 또한 배움을 통해 얻는다. 다양한 관점은 다 함께 타협점을 찾고 다시금 열린 마음으로 서로에게 다가갈 수 있는 기회를 일구어낸다.

2. 지금 딸의 머릿속은 한창 공사 중이다. 공사에 필요한 건축재료, 인테리어를 위한 아이디어, 기존의 건물을 변형시킬 수 있는 가능성 등 딸에게 필요한 것을 구하는 데 도움을 주어라. 단, 완성된 설계 도면까지 마련해 주지는 말라.

3. 부모가 앞장서서 모든 것을 챙겨주면 딸은 스스로 호기심을 품고 열린 태도로 적극성을 발휘할 기회를 빼앗기게 된다.

수치심 한도 초과: 모든 것이 창피한 사춘기

자녀를 데리고 태연히 누드 해변을 찾는 부모는 없으리라 생각한다. 자연스럽게 노출하려고 했다면 모를까, 사시사철 집에서 속옷도 입지 않고 지내는 경우도 드물다. 그러나 딸의 사춘기가 시작되면 이 모든 것은 불가능해진다. 가족 중 누군가가 조금이라도 속살을 드러내면 딸은 히스테리를 부릴지 모른다. 샤워를 마친 뒤 수건만 대충 두른 채 침실로 얼른 뛰어가는 일도 딸이 집에 없을 때만 하라. 어쩌다 이를 목격한 딸이 인상만 찌푸리고 넘어가면 다행이지만, 잘못 걸리면 욕실에서 침실까지 두 발짝 건너갔을 뿐인데 벌거벗고 온 집 안을 돌아다닐 작정이냐며 한바탕 훈계할 수도 있다. 엄마나 아빠 때문에 창피해 죽겠다면서 말이다.

그러고 보면 딸의 벗은 몸을 마지막으로 언제 보았는지 기억도 나지 않을 것이다. 이때 부모는 참으로 묘한 감정에 사로잡힌다. 어릴 적에는 딸이 옷을 갈아입는 중에 불쑥 들어가도 괜찮았건만, 이제는 엄마라도 용납 불가다. 애초에 문도 잠겨 있다. 한 번 들어가면 나올 줄 모르는 건 차치하고 욕실에 들어가도 문부터 걸어 잠근다. 그러니 딸의 몸이 얼마나 변화했는지, 유방은 어느 정도 발달했고 음모는 나기 시작했는지 엄마도 알 길이 없다. 세월의 흐름이 다시 한번 실감나는 순간이다.

무엇이 그리도 창피할까?

딸의 수치심을 야기하는 것은 벌거벗은 신체뿐이 아니다. 딸은 부모의 존재 자체까지도 창피하게 여긴다. 어쩌다 학교에 데리러 온 엄마, 아빠가 감히 차에서 내려 말을 걸어서도, 집에 놀러 온 친구들과 감히 대화를 시도해서도 안 된다. 정확히 표현하면 그냥 부모가 그 자리에 있는 것부터가 창피하다. 친구들과 외출 중에 맞은편에서 엄마가 걸어오면 아예 길 건너로 피해 버리기도 한다. 나중에 왜 그랬느냐고 물으면 길에서 엄마와 마주치는 게 창피해서라는 대답이 돌아온다. 당사자인 엄마, 또는 아빠는 웃어야 할지 울어야 할지도 알 수 없다.

벌거벗은 몸이나 길에서 우연히 마주친 엄마 말고도 딸이 수치스러워하는 것을 열거하라면 끝이 없다. 온갖 일을 창피해 하니 부모는 살얼음판 위를 걷는 기분이다. 딸이 그어 둔 수치심 경계를 넘지 않도록 노심초사하면서도 한편으로는 너무 심하다는 마음이 든다. 딸이 부모를 창피하게 여겨서 자리를 피해 주는 상황도 썩 유쾌하지는 않다. 샤워한 뒤 매번 옷을 꼼꼼히 챙겨 입고 나오는 것도, 딸이 친구들과 쇼핑할 때 마주치는 사태를 피하려 일부러 집에 있는 것도 피곤하다. 이때 부모의 심정이 어떨지 전적으로 이해가 간다.

새로운 전략: 불편하지 않은 가족관계 가꾸기

화목한 관계를 위한 네 가지 기본 원칙은 이 문제에도 적용할 수 있다. 딸의 마음을 이해하고 상황에 대처할 때 도움을 줄 것이다.

이해하기: 불확실성이 낳는 수치심

사춘기에 유독 수치심이 커지는 이유를 파악하려면 그 감정을 유발시키는 일련의 요소들을 면밀히 분석해야 한다. 먼저 알몸이라는 화두를 살펴보자. 어린아이들은 거리낌 없이 속살을 드러낸다. 자신의 몸에 의문도 품기는커녕 그저 마음껏 뛰고 구르고 기어오르며 몸으로 할 수 있는 모든 일을 즐기기 때문이다. 키가 자라면 기뻐하고 뿌듯해하기도 한다. 아이에게 몸은 신비로움 그 자체다.

그런데 사춘기가 되면 갑자기 몸에 이상한 변화가 생긴다. 가슴에 몽우리가 잡히기 시작하고 음모가 솟아오른다. 머리는 아무리 자주 감아도 기름기가 느껴지고 겨드랑이에서 불쾌한 냄새가 나기 시작한다. 딸은 이제 거울 앞에 앉아 콧잔등의 블랙헤드를 짜거나 이마에 난 여드름을 살펴보며 몇 시간을 보낸다. 자기 몸이 갑자기 낯설게만 느껴져 구석구석 뜯어보기도 한다. 마치 별개의 생명체가 된 것만 같아 썩 유쾌한 느낌은 아니다. SNS나 넷플릭스 시리즈를 보고 있으면 그러한 느낌은 더욱 강해지고, 어느덧 딸은 자기 몸에 커다란 불신을 품게 된다.

엎친 데 덮친 격으로 갑작스럽게 성적인 감각이 발달하기 시작한다. 내 몸에 이상이 있는 게 아닐까? 내가 이상해진 건가? 이런 불안감은 수치심을 낳는다. 친구의 생일파티에 초대되어 갔는데 먼저 온 아이들이 이미 신나게 어울려 놀고 있다고 상상해 보라. 누구나 그 상황이 낯설어 부모 등 뒤로 숨기 마련이다. 그러나 사춘기에는 부모의 등 뒤가 아니라 욕실에 들어가 문을 잠그고 숨는다. 이들에게는 자신만의 은신처가 필요하다. 덤으로 아직 진행 중인 몸의 변화에 익숙해질 시간도 필요하다. 그런 와중에 부모가 경솔하게 알몸을 대충 가리고 욕실에서 나온다면 딸은 이를 선 넘는 행위로 인식한다. 치부를 건드린 것이나 다름없다. 딸에게는 알몸 자체는 물론이고 그것을 남들 앞에 내보이는 행위도 너무나 불쾌하게 느껴지기 때문이다. 심지어 다른 사람도 아닌 부모의 알몸이라니, 상상조차 하고 싶지 않은 일이다. 딸이 겪는 신체 변화는 불안감과 수치심을 유발시킨다. 부모를 무시하는 태도는 부모로부터 분리되는 과정을 수월하게 하기 위한 본능이다.

딸이 거북해하는 또 다른 상황을 살펴보자. 사춘기 딸에게 부모는 옷을 제대로 입고 있어도 왠지 부끄러운 존재다. 무슨 말이나 행동을 한 것도 아니고 길을 걷다 우연히 만났을 때처럼 눈앞에 나타나기만 해도 그렇다. 이유가 무엇일까? 바로 부모로부터 분리되는 중이기 때문이다. 분리는 매우 자연스럽고 중요한 성장 과정이다. 무언가에 강한 거부감을 느끼면 놓아 보내기도 훨씬 쉬워진다. 그래서 부모로부터 분리되는 데 필요한 거리를 확보하기 위해 속으로 무시하는 태도를 취하는 것이다.

딸에게 이제 또래 집단이 가장 중요해졌다는 점도 고려해야 한다. 사춘기에는 또래를 기준으로 삼고 또래에게 잘 보이고 싶어 한다. 그런데 최근 들어 가뜩이나 못마땅한 부모가 자신들만의 세상에 갑자기 난입한다고 생각해 보라. 기겁한 딸은 부모가 친구들 앞에서 부끄러운 행동이라도 할까 두려워 부랴부랴 대책을 강구한다. 친구들이 보는 데서 썰렁한 농담을 던지면 창피함은 배가 되고, 포옹이나 뽀뽀는 그야말로 최악이다. 그래서 이런 상황을 피하고자 부모와 마주치기 전에 길 건너로 도망치는 것이다.

믿어주기: 딸들의 선을 존중할 것

딸에게 너와 네 몸은 있는 그대로가 멋지다는 말을 틈날 때마다 들려주어라. 딸 스스로 그렇게 느끼기까지는 시간이 필요하다. 믿음직스러운 부모는 딸들에게 시간을 준다. 딸이 정한 수치심의 영역을 침범하지 말고 욕실에 들어가 문을 잠가도 방해하지 말고 내버려두어라. 부모 앞에서 알몸을 보이고 싶지 않은 마음을 이해하고 존중해 주어야 한다.

딸 앞에서 결코 속살을 보이면 안 된다는 이야기가 아니다. 일상에서 자연스럽게 벌어지는 상황은 괜찮지만, 일부러 딸을 자극하는 행동을 하며 별일 아닌 일로 유난 떨지 말라고 하는 것은 절대 금물이다. 딸의 신뢰를 얻으려면 친구들과 부모가 마주치는 상황을 불편해하는 마음을 존중해야 한다. 딸의 행동을 감정적으로 받아들이지 말고 또래 집단에 소속되고 친구들에게 인정받고 싶어 하는 마음을 이해해 주어라.

놓아주기: 믿음으로 성장하는 딸들

부모라면 누구나 딸이 있는 그대로 멋진 존재라고 일깨워주고 싶겠지만 이런 사고방식은 억지로 주입시킬 수 있는 게 아니다. 자기 몸을 대하는 딸의 마음가짐도, 또래에게 잘 보이고 싶은 소망도 마찬가지다. 사춘기 소녀는 자신의 신체 조건에 대해 고민해야 정상이다. 어떤 소녀들은 엉덩이가 납작하다거나 다리가 짧다는 이유로 자신이 보기 흉한 체형을 가졌다고 생각한다. 남들에게, 특히 부모 같은 어른들보다는 같은 청소년들 사이에서 인정받거나 인기를 얻고 싶어 하는 것도 자연스러운 현상이다. 부모들은 자기 눈에는 완벽하기만 한 딸이 그런 고민을 한다니 마음 아프겠지만 이는 정상적인 발달 과정이니 걱정하지 말자. 아이들은 그저 성장통을 겪고 있을 뿐이다.

부모는 자신이 딸에게 더 이상 절대적인 존재가 아님을 받아들여야 한다. 딸은 현재 자기 자신, 그리고 또래들 사이에서의 자기 역할에 몰두하고 있다. 언젠가는 딸이 자신의 길을 찾을 거라 믿고 기다려주자.

그러니 지금은 부모가 크게 한 걸음 물러나야 할 때다. 지금의 딸에게 부모는 아무 권위도 없고 남들 앞에 내보이기 민망한 존재라는 사실을 받아들여라. 자기 몸에 열등감을 품고 슬퍼해도 참고 지켜보아야 하며 또래들과의 관계에서 경험하는 쓰디쓴 실망도 허용해 주어야 한다. 마음 아프더라도 현실을 직시하는 일은 생각보다 부모에게 큰 도움이 된다. 그래야 아이를 떠나 보낼 수 있기 때문이다. 놓아주기란 딸의 어떤 행동도 감정적으로 받아들이지 않으며 그저 믿으며 기다려주는 일이다. 아이는 언젠가 자신만의 길을 찾고 자신의 새로운 몸과 또래 관계에도 곧 적응하게 된다.

기다려주기: 거리두기와 다가가기의 균형

거리에서 부모를 보고 길 건너로 피하거나 친구들 앞에서 버릇없이 굴다가도 이내 자신의 행동을 후회하고 부모에게 응석을 부리고 싶어 하는 것이 사춘기 딸의 심리다. 이들은 자신이 부모에게 상처를 주었음을 깨닫고 미안해한다.

사춘기는 선 긋기와 다가가기 사이에서 아슬아슬하게 줄타기하는 시기다. 무례하게 굴다가도 돌아서면 부모를 향해 아낌없이 애정을 표현하니, 마치 자녀와 밀당하는 듯한 느낌마저 든다. 부모는 차분하고 현명하게 제자리를 지켜야 한다. 거듭 강조하지만, 딸의 행동에 번번이 상처받고 화가 나거나 슬퍼지더라도 딸이 부모에게 다가오도록 변함없이 그 자리에서 기다려주어라. 이따금 차오르는 분노는 이를 악물고 삼킬 줄도 알아야 한다. 부모라고 이러한 상황이 아무렇지 않을 수는 없겠지만, 그럼에도 이를 아이 곁에서 마음을 보듬어주는 기회로 삼아야 한다.

하지만 딸의 행동이 지나치게 무례하다고 느꼈다면 이 기회에 이야기를 나누어보아도 좋다. 양쪽 모두 감정이 상했을 때는 어떻게 대처할지 딸과 상의할 수도 있다. 딸에게는 특히 어떤 상황이 불편한지 물어볼 수 있을지도 모른다. 부모가 끼어들지 않았으면 하는 때는 언제일까? 부모가 자신의 친구들과 이야기하는 게 싫은 이유는 무엇일까? 딸의 생각과 고민에 진지하게 귀를 기울이다 보면 불편한 상황을 피할 수 있는 해결책을 찾고 부모와 딸 모두가 한결 가벼운 마음으로 지낼 수 있다.

모든 게 부끄럽고 민망한 사춘기

사춘기 때 느끼는 수치심은 지금까지와는 차원이 다르다. 내 몸이나 나 자신까지 부끄럽고 부모의 행동과 모든 일이 마냥 창피하게 느껴진다. 불안감에서 유발되는 수치심은 타인에게 명확히 선을 긋고 더 이상 다가오지 말라는 신호를 보낸다. 욕실 문을 꽉꽉 잠그거나 친구들에게 부모를 보여주지 않으려 하는 것도 그런 신호의 일종이다. 때로는 부모가 무심코 한 말과 행동이 이 수치심의 경계를 침범하기도 한다. 그럼에도 부모가 이를 눈치채지 못하면 딸은 수치심의 경계를 한층 더 끌어올린다.

내 마음 읽기

이 수치심의 경계가 정확히 어디까지인지, 부모가 언제 그 선을 침범하는지, 수치심과 관련해 딸이 바라는 바가 무엇인지 파악하는 데 힌트가 될 만한 질문들을 적어 보자. 선을 넘지 않기 위해 부모가 일상에서 무엇을 실천할 수 있는지도 고민해 보기를 바란다.

다음의 세 가지 기본 원칙은 딸의 수치심을 대할 때 도움이 된다.

1. 수치심은 바람직한 감정이다. 아이들에게는 수치심을 느낄 기회가 주어져야 한다. 부모가 이를 진지하게 받아들이고 딸의 이야기에 귀를 기울여주면 딸이 자신의 몸과 관련하여 누구도 침범할 수 없는 선을 긋는 데 도움이 된다. 이것은 매우 건전한 자기 방어선이 되어준다.

2. 수치심은 타인들과의 사회적 교류에서 일종의 조절기 역할을 한다. 인간관계에서 경계선을 긋거나 거리감을 좁혀주는 역할 모두를 수행하기 때문이다. 인류의 모든 사회, 모든 집단에는 수치심과 관련된 고유

의 선이 존재하고 개중에는 제삼자가 보기에 받아들이기 어려운 것도 있다. 청소년들의 수치심을 어른들이 잘 이해하지 못하는 이유도 그와 같다. 하지만 반드시 이해해야 할 필요도 없다. 어른은 청소년이 아니기 때문이다.

3. 수치심의 경계를 존중하는 태도에는 상대방을 존중해 그 감정을 보살피고 상대방의 몸과 마음을 내 멋대로 판단하지도, 평가를 내리지도 않겠다는 의미가 담겨있다. 이 선을 지킴으로써 부모는 자녀를 진지한 태도로 대하며 있는 그대로의 너를 받아들이겠다는 메시지를 전하게 된다.

제3장

함께 극복하는 질풍노도의 시기

환희의 요정과 고뇌에 빠진 철학자가 문 하나를 사이에 두고 이웃해 산다. 그 위층에는 게으름뱅이가 난장판 요정과 함께 살고 있으며, 다락에는 깍쟁이와 반항아가 산다. 사춘기 딸과 함께 사는 부모는 이처럼 천차만별의 군식구들이 딸려 있다는 느낌을 받는다. 이 장에서는 그 군식구들, 다시 말해 사춘기 딸과 부대끼며 겪는 온갖 상황에 노련하게 대처하는 법을 귀띔하고자 한다.

앞 장에서 우리는 사춘기에 들어선 딸과 부모의 관계 중 어떠한 부분이 변화하는지 살펴보았다. 가족의 역할, 가치관과 세계관, 수치심의 경계 등이 여기에 해당한다. 이를 통해 딸의 내면세계 및 그로부터 비롯된 행동거지를 보다 잘 이해하게 되었기를 바란다. 이해는 올바른 대처를 불러온다. 많은 것이 이전보다 훨씬 어려워진 듯하지만, 알고 보면 그저 그중 일부가 달라졌을 뿐이다. 딸들의 어마어마한 성장 속도 덕분에 부모는 하루하루가 놀라움의 연속이다. 뿌듯함과 기쁨, 근심과 슬픔 등 온갖 감정이 교차할 때도 많다. 하지만 이 모든 것은 자연스러운 현상이다. 딸의 사춘기에는 당사자와 더불어 부모 또한 감정의 혼란을 겪기 마련이다.

감정이 개입되면 이성적이고 신중한 행동이 어려워질 수 있다. 일상 곳곳에 숨어 있는 복병은 비무장 상태로 사춘기 딸과 생활하는 부모 앞에 갑자기 나타난다. 따라서 이번 장에서는 부모가 위기와 갈등 상황에 대비할 수 있도록 쉽고도 명확한 해결책을 제시하고자 한다. 딸과의 일상에서 또다시 감정의 동요와 스트레스를 겪을 때 적절히 활용할 수 있을 것이다.

가슴 벅찬 환희와 끝없는 절망 사이

사춘기 딸들은 이따금 별안간 활기차고 즐거워 보이며 주체할 수 없이 넘치는 의욕과 삶에 대한 열정에 사로잡힌다. 그러다 또 갑자기 슬픔의 나락으로 떨어지며 절망과 자기 회의의 감정이 시멘트 자루처럼 무겁게 딸의 어깨를 짓누르기도 한다. 때로는 부모들도 딸의 급속한 감정 기복을 감당하지 못하고 어떻게 대처해야 할지 몰라 막막해진다. 더할 나위 없이 행복하게 잘 지내는 것처럼 보이다가 갑자기 잔뜩 낙담하고 짜증 난 모습으로 부모의 눈앞에 나타나는 일이 부지기수니 말이다. 딸에게 심각한 문제나 나쁜 일이 일어난 건 아닐지 걱정되겠지만 장담하건대 그렇지 않다! 사춘기에 이 정도의 감정 기복은 으레 거치게 되어 있다.

감정 기복의 원인

사춘기 딸들이 롤러코스터를 타듯 심한 감정 기복을 보이는 이유는 다름 아닌 호르몬 변화 때문이다. 물론 여성들은 사춘기가 끝난 뒤에도 월경 전후, 임신 기간, 출산 후, 심지어 갱년기까지 심한 감정 기복을 겪기 때문에 아마도 많은 엄마들이 이를 잘 이해할 것이다.

자기 회의감, 친구들과의 다툼, 학교 스트레스 등은 딸들의 감정 기복을 더욱 심화시킨다. 그뿐만이 아니다. 책의 초반에서 잠깐 설명했듯이 딸의 뇌는 아직 감정 조절 기능이 충분히 발달하지 못한 상태다. 다시 말해 딸들은 자신의 행동이 초래할 결과에 대해 숙고하지 않고 그때그때의 감정에 따라 행동한다. 그래서 뭔가 기쁜 일이 생겼을 때는 엄청난 환희에 젖었다가 슬픈 감정이 들면 순식간에 깊은 우울의 늪으로 빠지게 된다.

딸의 감정 기복에 현명하게 대처하기

걱정은 접어두기

이때도 딸의 들쑥날쑥한 감정변화가 비정상이 아님을 부모가 늘 되새기며 여유롭게 대처하는 일이 중요하다. 감정 기복은 지극히 정상적인 사춘기의 징후이며 시간이 지날수록 점차 완화된다는 사실은 이미 수많은 의학 연구를 통해 증명되었다. 호르몬 분비가 안정되고 뇌가 발달하면 딸들도 자신의 감정 세계를 보다 잘 통제할 수 있게 된다.

나 자신을 돌보기

딸들의 변덕을 받아주다 보면 인내심에 한계가 올 때도 있지만 그렇다고 부모가 아이의 감정을 어찌할 수는 없다. 이때는 부모가 딸의 감정에 휩쓸리지 않는 것이 중요하다. 말처럼 쉬운 일은 아니지만 딸을 위해서는 부모가 중심을 잃지 말아야 한다. 감정의 롤러코스터에 함께 올라타고 있어 봐야 아무것도 얻을 수 없다. 따라서 부모는 자신을 위해서라도 광란의 사춘기를 피해 혼자서, 또는 부부가 함께 주기적으로 휴식을 취하며 애정 어린 마음으로 스스로를 돌봐야 한다.

딸을 안심시키기

자신에게 무슨 일이 벌어지고 있는 건지 알 수 없다는 혼란스러움은 사춘기 여자아이들의 정신적 부담을 가중시키는 또 다른 요인이다. 1분 전까지만 해도 멀쩡했는데 갑자기 땅속으로 가라앉는 기분이 드는 이유가 무엇인지 딸 본인도 알지 못한다. 불확실성은 극도의 불안감을 유발시켜 딸을 한층 더 예민하고 변덕스럽게 만든다. 그러므로 부모와 딸 모두가 이런 현상의 원인에 대해 미리 이해하고 있어야 한다. 딸과 차분히 대화를 나누며 사춘기에 기분이 수시로 바뀌는 이유를 설명해 주고 대부분의 청소년들이 똑같은 경험을 하고 있음을 일깨워주어라. 그러면 이것이 자신만의 문제가 아니며 얼마 안 가 저절로 좋아진다는 사실을 딸도 알게 된다.

움직이기

신체활동, 특히 야외에서 하는 활동은 건강한 정신을 유지하는 데 큰 도움이 된다. 이는 연령에 상관없이 모든 사람들에게 해당된다. 운동을 비롯한 신체 활동이나 규칙적인 체력 단련은 호르몬 분비에 균형을 잡아 주고 자존감을 높이며 자기 신체에 대한 긍정적인 마음가짐을 형성시켜 준다. 딸이 산책이나 조깅을 좋아하지 않는다면 어떤 스포츠 종목이든 시도할 수 있도록 독려하자. 킥복싱이나 요가, 단체 스포츠도 좋다. 딸이 관심을 보인 활동이 있다면 지금 당장 시작하자.

세심한 관찰과 관리

외부 영향 요인도 감정 기복을 심화시킬 수 있다. 수면 부족, 불균형한 식사, 스트레스 등은 아이의 정서에 악영향을 미친다. 사춘기 딸들은 대개 자신이 다 컸다고 생각하지만, 특히 생활방식에 관해서는 여전히 부모의 도움이 필요하다. 따라서 부모는 딸이 충분한 수면을 취하고 건강하고 규칙적인 식생활을 할 수 있게 보살펴야 한다. 또한 학교나 친구 등 어떤 문제든 항상 부모와 상의하고 도움을 받을 수 있음을 알려 주어라. 단, 무엇이 건강에 좋고 무엇이 옳은지 일장 연설을 늘어놓지 말고 이를 일상에서 자연스럽게 실천해야 한다. 딸과 함께 조깅을 하거나 장을 보는 것이 훈계보다 훨씬 큰 학습효과를 불러온다. 게다가 둘만의 시간을 보낼 수 있으니 금상첨화다.

✓ TIP: 식생활과 관련된 유용한 팁

사춘기 소녀들에게는 특정 영양소가 필요하다. 균형 잡힌 식생활과 충분한 영양 섭취는 건강한 신체는 물론 정서를 안정적으로 유지하는 데도 중요하다. 사춘기 딸이 매일 섭취해야 하는 필수영양소 목록은 이 책의 마지막 장에서 비고란에 소개하기로 한다.

좋은 대화의 기술

앞서 우리는 사춘기 딸의 의사소통 방식의 변화에 어떤 배경이 있는지 살펴보았다. 그러면 이제 딸의 불편한 행동거지에 어떻게 대응하는 것이 좋을지 귀띔해 드리겠다. 사춘기 자녀의 말투는 때로 머리카락이 쭈뼛 설 만큼 신경질적이고 뾰족하다. 잘 잤느냐는 아침 인사에 으르렁거리는 소리가 되돌아오는가 하면, 오늘 특별한 계획이 있느냐는 물음에는 자기도 모른다는 짜증 섞인 대답이 날아온다.

대화 예절에서도 기본 중의 기본인 감사나 부탁의 표현은 딸들의 사전에서 사라진 지 오래다. 매끄러운 대화는 여기에서 이미 틀어지기 시작한다. 부모 또한 평정을 잃고 덩달아 언성을 높이며 화를 내는 경우가 많다. 악순환의 시작인 셈이다. 따라서 지금부터는 딸의 가시 돋친 말에 차분히 대응하기 위한 다섯 가지 전략을 제시하고자 한다.

좋은 대화를 위한 다섯 가지 원칙

묵묵히 받아들이기

사춘기 딸은 자기 자신에게 깊이 몰두해 있는 순간이 매우 잦다. 부모가 말을 걸면 신경질적이고 냉담하게 대꾸하는 경우는 대부분 이럴 때다. 대화를 나눌 의욕도, 기분도 안 들기 때문이다. 그러니 급히 의논해야 할 중요한 문제가 아니라면 방해하지 말고 내버려두는 편이 낫다. 딸이 지금 대화를 원하지 않는다는 사실을 받아들이고 대화할 기분이 아닌 것 같으니 부모도 방해하지 않겠다는 의사를 확실히 표현하라.

시간 약속 정하기

중요한 문제를 의논해야 할 때 딸이 샐쭉해 있거나 신경질적으로 반응한다면 대화할 시간을 협의하자. 그럼으로써 양쪽 모두 해당 문제에 대해 충분히 생각할 시간을 확보할 수 있다. 딸에게 다음과 같이 명확하게 말해 주어라. "다음 여름휴가에 관해 의논하려는데 지금은 어려울 것 같구나. 그러면 너는 휴가를 어떻게 보내고 싶은지 토요일 오전까지 생각해 본 다음에 함께 상의하자." 이로써 부모는 딸의 현재 기분 상태, 즉 대화하기 어려운 상태를 존중하되 해당 문제에 대한 상의 또한 중요하다는 메시지를 전할 수 있다. 나중에라도 꼭 대화할 필요가 있음을 알리는 것이다.

필요하다면 대화를 중단하기

대화 중에 가시 돋친 말투가 나오기 시작하면 일단 한발 물러서도 좋다. 분위기만 나빠질 뿐 양쪽 모두가 만족할 만한 해결책도 나오지 않을 것 같을 때는 이렇게 말해 보라. "지금은 더 이상 이야기해 봐야 진전이 없을 것 같구나. 이렇게 옥신각신하는 것도 너무 스트레스고. 그러니 오늘은 이쯤에서 중단하고 내일 저녁에 다시 이야기하는 게 어떠니? 충분히 생각할 시간도 가질 겸 말이야." 휴식 시간은 대화의 완전한 중단과는 다르다. 모두가 잠시 물러서서 차분히 생각할 시간을 갖고 나면 나중에 서로 적당히 거리를 둔 채 다시금 대화에 임할 수 있게 된다.

거울 전략 활용하기

납득하기 어렵겠지만 딸은 자신이 부모에게 무례하게 군다는 사실을 스스로도 의식하지 못할 때가 많다. 딸을 변호해 주려는 게 아니라 사실이다. 앞서도 말했듯 딸은 자신의 존재와 감정에 깊이 몰두한 나머지 자신의 거친 말투가 부모에게 큰 상처라는 사실을 전혀 인지하지 못한다. 이럴 때는 곧바로 주의를 환기시키되 나무라거나 훈계해서는 안 된다. 대화할 때의 태도를 거울로 비추듯 직접 일깨워주어야 한다. "학교에서 뭘 했는지 물어본 것뿐인데, 대답하는 태도가 그렇게 삐딱하니 엄마도 기분이 좋지는 않네. 엄마, 아빠는 그냥 네 하루가 어땠는지 궁금했을 뿐이야." 그렇다고 딸의 태도가 바로 달라지지는 않겠지만 본인도 느끼는 바는 있을 터이다. 이러한 말은 딸을 향한 부모의 깊은 관심, 그리고 서로 존중하는 태도로 대화하고자 하는 부모의 바람도 전달할 수 있다.

여유롭게 웃어넘기기

때로는 어이가 없는 나머지 웃어야 할지 울어야 할지 판단조차 서지 않는 순간이 있다. 걸핏하면 부모를 박대하고 짜증을 내니 당연히 기분이 좋을 리 없다. 그저 아이와 다정하게 이야기를 나누고 싶을 뿐인데, 말을 붙이기는커녕 상냥한 인사 한번 듣기도 하늘의 별 따기 같다. 그러나 이런 일들이 반복되더라도 잔소리하지 말고 그저 웃어넘기자. 재치있게 농담을 건네거나, 꿀밤 먹이는 시늉을 하거나, 뜬금없이 딸에게 너무 예쁘다고 말하면 분위기는 금세 화기애애해질 것이다. 다만 비꼬는 인상을 주지 않도록 주의해야 한다.

청소와 정리 정돈

이는 심미적인 문제이기도 하지만, 그보다는 위생적인 문제와 더 크게 얽혀있다. 이따금 딸의 방문을 여는 순간 경악을 금치 못한다. 더러워진 옷과 세탁한 옷들이 뒤섞여 여기저기 산을 이루고 책상 위에 있어야 할 책들은 먹다 만 음식들에게 자리를 빼앗겨 침대 위에 새 보금자리를 찾았다. 콧속을 뚫고 들어오는 정체불명의 냄새를 없애려면 당장 환기를 시켜야 하는데 창문까지 가는 길이 험난한 가시덤불 같다.

끝나지 않는 청소 전쟁

어느 시점부터는 부모도 슬슬 화가 끓어오른다. 정성껏 빨고 개켜 준 옷을 더러운 옷더미에 아무렇게나 던져 버린 꼴을 보면 무얼 위해 힘들여 빨래했는지 회의가 든다. 게다가 이런 방에서 숙제나 제대로 할 수 있을까? 아무리 타일러봤자 자기 방은 사적인 공간이니 그 상태도 자기가 결정할 문제라는 뻔뻔한 대답만 돌아온다. 물론 틀린 말은 아니지만, 딸의 사적인 공간이 조금 더 깔끔하기를 바라는 게 부모 마음이다. 돼지우리 같은 방에서 어찌 편안하게 휴식을 취한단 말인가! 그러나 정리 정돈 문제를 둘러싼 입씨름은 끝나는 법이 없다. 이를 어떻게 해결해야 할까?

정리 정돈에 관한 팁

여유롭게 대처하기

여기서도 핵심은 여유다. 일단 크게 심호흡을 하자. 방이 돼지우리처럼 보이는 건 사실이지만 딸들이 훗날 호더*가 될 가능성은 희박하다. 내면의 무질서와 마찬가지로 외적인 무질서 역시 사춘기의 통과의례다. 한바탕 몸살을 겪다 보면 어느새 나아져 있을 것이다.

정리 정돈의 규칙 정하기

물론 청소년 자녀의 방은 오롯이 아이 혼자 누릴 수 있는 공간이어야 한다. 방에 뭘 들여놓고 벽에 무엇을 걸지, 얼마나 깔끔하게 관리할지도 스스로 결정하게 내버려두는 게 좋다. 딸에게도 방은 본인만의 왕국이자 안식처임을 확실히 주지시켜 주어라. 그러나 두 가지 조건이 필요하다. 부모에게도 어느 정도 결정권은 주어져야 하지 않는가. 첫째는 위생 문제다. 음식물 찌꺼기, 더러운 그릇 등은 매일 저녁 치우게 하라. 여기에는 타협의

* 물건을 버리지 못하고 모으는 저장 강박증을 가진 사람을 가리킨다.

여지가 없다. 양쪽 모두가 확실히 합의해야 한다. 둘째는 책상과 관련된 문제다. 어느 정도 정리된 학습공간은 숙제를 제대로 하고 공부에 집중하기 위한 필수조건이다. 학습 자료는 손이 닿는 곳에 두어 필요할 때 바로바로 찾을 수 있어야 한다. 읽고 쓸 공간도 충분해야 한다. 이 문제가 해결되지 않는다면 생활공간과 학습공간을 분리하는 편이 좋다. 이 공간은 공부가 끝나면 깔끔하게 정리하게 하라. 가족에게 어떤 규칙이 중요한지는 결국 가족 구성원 모두가 함께 결정해야 한다. 약속한 바를 반드시 지키게 하되 그 외에는 뭐가 얼마나 엉망이든 사춘기라 그러려니 하고 넘겨 버리는 게 협상의 요점이다.

빨래하는 날 정하기

방에 쌓여 있는 딸의 빨랫감을 치워주는 대신 아이와 계획표를 만들어라. 가령 주 2회 정해진 요일 저녁에 빨랫감을 세탁기 앞에 직접 가져다 두게 하는 식이다. 그 시간에 세탁기 앞에 없는 옷은 안 빨면 그만이다. 세탁이 끝난 옷가지는 부모가 옷장에 정리해 넣되 딸이 아주 어리지 않다면 직접 개어 넣게 해도 좋다. 처음에는 규칙이 잘 지켜지지 않을 수도 있다. 그렇다면 세탁하는 날에는 점심때쯤 딸에게 상기시켜 주어라. 그래도 소용이 없다면 깨끗한 옷이 없거나 가장 좋아하는 옷이 더러워서 입지 못한다고 투덜대도 아랑곳하지 말라. 처음 몇 번은 딸이 야단법석을 떨겠지만 그만큼 이 규칙이 중요하다는 사실도 확실히 각인시킬 수 있다. 나중에는 본인이 필요해서라도 빨래 문제에 적극적으로 임하게 될 것이다.

방 청소 도와주기

때로는 딸도 극도로 어질러진 자기 방을 보고 큰 스트레스를 받는다. 정리 정돈을 해야 할 시기를 놓치고 엉망진창이 된 방에서 지내다 보면 가장 힘든 사람은 방의 주인이다. 그때 부모다운 세심함을 발휘해야 한다. 딸이 혼자 해결할 수 없는 지경에 이르렀다면 애정 어린 태도로 도와주겠다고 제안해 보라.

"방이 너무 어질러져서 혼자 치우기 어려울 것 같네. 괜찮으면 엄마, 아빠와 같이 정리해 볼까? 우선 불필요한 물건부터 정리해서 버리고 난 뒤에 수납용 상자나 예쁜 쿠션, 담요처럼 방을 꾸밀 때 쓸 물건을 사러 가는 거야. 네가 아늑한 방에서 기분 좋게 지냈으면 좋겠어."

몰래 정리하는 것은 금물

딸의 방을 떠올리기만 해도 손이 근질거릴 때가 있다. 날마다 의미 없는 다툼을 벌이느니 딸이 없을 때 팔을 걷어붙이고 후딱 치워버리고 싶기도 하다. 그러나 절대로 아이 방을 몰래 청소해서는 안 된다. 코앞의 문제를 해결하려다 더 큰 문제가 연달아 터질 수도 있다. 그런 행동은 부모가 자녀의 사적인 공간을 존중하지도, 자기 일을 알아서 잘하리라 믿지도 않는다는 암시와도 같다. 명백히 선을 넘는 행위이므로 딸이 화를 내는 것도 당연하다. 그러니 번거롭고 성과가 금방 나지 않더라도 앞서 여러 번 이야기했던 원칙들을 활용하는 편이 낫다. 부모의 정리 정돈 욕구를 잠시 진정시키는 일은 놓아주기, 딸의 사적인 공간을 존중해주는 일은 믿어주기, 도움의 손길을 내밀되 지나치게 참견하지 않는 일은 다름 아닌 기다려주기에 해당한다.

사춘기와 이기주의

부모가 뒷목을 잡게 만드는 사춘기 특유의 행동이 또 있다. 모처럼 유명 제과점에서 사 온 빵을 나누어 먹고 있는데 마지막 남은 한 개를 딸이 홀라당 집어 가 버린다. 먹고 싶은 사람이 있는지 물어보지 않는다. 나눠 먹어야겠다는 생각도 들지 않는 모양이다. 화장실에서는 휴지를 다 쓰면 새 휴지를 걸어놓기는커녕 빈 휴지 심을 쓰레기통에 넣지도 않는다. 혹은 엄마나 아빠가 아침마다 커피에 우유를 넣어 마신다는 것을 알면서도 남은 우유를 다 마셔 버린다. 남이야 어찌 되든 상관없다는 태도다.

실종된 공감 능력

사춘기에 접어든 딸은 자기밖에 모르고 타인들, 특히 가족에게 전혀 공감하지 못한다는 인상을 준다. 공감 능력이 뛰어난 아이로 키우려 그토록 노력해 왔건만 남을 먼저 배려하라고 귀에 못이 박히도록 가르친 게 다 물거품이 된 느낌이다. 저런 이기주의자와 한 지붕 아래 산다는 사실이 믿기지 않을 정도다. 딸의 이기적인 태도에 머리를 절레절레 흔들게 되는 때가 한두 번이 아니다. 이럴 때는 어떻게 대처해야 할까?

공감 능력 되찾기 작전

딸을 이해하기

딸이 이기적으로 변했다고 느끼는가? 그렇다면 그건 느낌이 아니라 사실일 가능성이 크다. 딸의 세상은 지금 자기 자신을 중심으로 돌아가고 있다. 밤이고 낮이고 자신에게 몰두해 있다는 뜻이다. 그러나 이는 자연스러운 발달 과정일 뿐 아이의 성격에 문제가 생긴 건 아니다. 딸의 머릿속은 지금 나는 누구이고 무엇이 필요하며 잘 살기 위해서는 어떻게 해야 하는지와 같은 생각들로 가득하다. 이 때문에 지극히 자기중심주의적으로 행동하게 된다. 배가 고픈데 빵이 하나 남았으니 먹어야겠다는 식이다. 이런 순간에는 처음부터 가족 중 누군가도 남은 빵을 먹고 싶어 할지 모른다는 생각을 하지 않는다. 사고의 초점이 오로지 자아와 감정 세계에 맞추어져 있는 탓이다. 이렇다 보니 안타깝게도 주위 사람들은 뒷전이 되어 버리는 경우가 많다.

본보기가 되어 주기

때로는 쉽지 않게 느껴지겠지만, 지금은 부모가 공감 능력을 발휘하며 본보기를 보여야 할 때다. 딸과 기싸움을 벌이지 말라는 뜻이다. 너도 한번 당해보라는 식의 태도로 마지막 빵 한 개를 누가 차지할지, 남은 우유를 누가 마실지 옥신각신해 봐야 무슨 소용이 있겠는가. 그보다는 부모가 앞장서서 타인을 배려하는 모습을 보이는 편이 훨씬 효과적이다. 이를테면 빵이 한 개 남았는데 혹시 먹고 싶은 사람이 있는지, 우유가 조금 남았는데 필요한 사람이 있는지, 딸이 선수 치기 전에 모두가 들을 수 있도록 물어보라.

딸의 주의를 환기시키기

사춘기에 접어든 딸은 자신의 배려 없는 행동을 자각하지 못한다. 그래서 자연히 그것이 어떤 결과를 야기하는지도 생각지 못한다. 그러니 반드시 부모가 이를 상기시켜 주어야 한다. 그러나 나무라거나 지적하는 말투는 삼가고 부모가 먼저 공감 능력을 발휘하여 다음과 같이 말해 주어라. "지금 너는 네 행동을 의식하지 못하는 것 같아. 주위 사람들을 배려하지 않고 네 몫만 챙기면 남들도 기분이 상할 수 있어."

필요하다면 선 긋기

아무리 모범을 보이고 아이에게 주의를 주어도 이기적인 행동이 좀처럼 나아질 기미가 보이지 않는다면 부모가 명확히 선을 그어 줄 필요가 있다. 주위 사람들을 배려하도록 딸의 행동을 조절해 주어라. 딸이 또다시 이기적으로 행동하면 다음과 같이 단호하게 제지하라. "마지막 남은 빵이니 나눠 먹도록 하자. 다른 사람도 먹고 싶을지 모르니 반만 잘라서 먹고 나머지 반은 접시에 놔두렴. 배가 고프면 다른 음식을 찾아서 먹어도 괜찮아.", "우유가 조금밖에 남지 않았으니 나눠 마시자. 그러면 적은 양이나마 모두가 마실 수 있잖니."

물론 바쁜 일상에서 부모가 사사건건 공평함을 가르친다는 게 쉬운 일은 아니다. 그러나 딸의 이기적인 행동이 도를 넘을 때는 부모가 이를 이해하되 수용할 수는 없다는 신호를 명확히 보내 줄 필요가 있다.

다음 (발달) 단계에 주목하기

당장의 행동을 보면 상상하기 어렵겠지만 딸이 한 단계 성숙해지는 날은 분명히 찾아온다. 한창 자기 자신에게 몰두해 있는 지금도 내적으로는 꾸준히 발전하는 중이다. 내면이 점차 영글어가며 가족, 친구, 학교와 같은 다양한 사회집단 속에도 자신만의 역할을 찾게 될 것이다. 늦어도 이때쯤이면 자기 자신에게 고정되어 있던 시선을 들어 보다 큰 전체를 바라볼 수 있는 여유를 가지게 된다.

무관심과 냉담함

부모들은 이따금 무기력하고 불안정하게 홀로 겉도는 것 같은 딸의 모습을 보며 깊은 근심에 잠긴다. 학교가 끝나 귀가하기 무섭게 책가방을 아무렇게나 내던져 버리고 밥도 먹는 둥 마는 둥 하다가 어느새 자기 방으로 사라져 버린다. 그러고 나면 저녁 식사 때까지 얼굴도 비치지 않는다. 이따금 슬쩍 들여다보면 아무 의욕도 없이 침대 위에 늘어져 빈둥거리고 있다. 이야기를 나눠 보려 해도 시큰둥한 반응을 보이고 손끝 하나 자의로 움직이는 법이 없다. 딸과의 대화는 대략 이런 양상이다.

"우리 딸, 오늘 학교는 어땠니?"

"그냥 그랬어요."

"잠깐 바람 쐬러 나가지 않을래? 날씨가 정말 화창하네."

"글쎄요."

"그러지 말고 나가자. 혼자서 방 안에 있으면 심심하잖아. 다 함께 정원에 있으면 좋잖니."

"안 나갈래요. 귀찮아요."

"아이 참, 그러지 말고."

"싫다니까요! 가만 좀 내버려두세요!"

강제로 끌고 나올 수도 없으니 부모도 이쯤에서 물러난다. 그러나 딸이 축 처져 있는 모습이 내내 마음에 걸린다.

사춘기와 의욕 상실

딸은 이제 일주일에 한 번 운동하러 가는 것도 귀찮아한다. 이번 주에는 가지 않겠느냐고 슬쩍 부추기면 귀찮다는 대답이 돌아오고, 늦기 전에 숙제부터 하라고 하면 조금만 더 쉬겠다는 대답이 날마다 도돌이표처럼 반복된다. 예전에 즐기던 취미에도 더 이상 관심을 보이지 않으니 부모는 자못 안타까울 뿐이다. 불과 얼마 전까지만 해도 그림을 그리거나, 무언가를 만들거나, 왕성하게 야외 활동을 하지 않았던가. 온갖 일들에 흥미를 품고 열정적으로 심취하던 게 엊그제 같은데, 이제는 어느 무엇도 딸에게 즐거움을 주지 못하는 듯하다. 그러나 친구들과 어울릴 때는 순식간에 딴사람이 된다. 한껏 들뜬 모습으로 깔깔대며 명랑하기 이를 데 없어 보이니 부모는 말문이 막힌다. 이대로 두어도 괜찮은 걸까? 딸이 별안간 한없이 무기력해지고 무슨 일이든 의욕이 없는 것처럼 보일 때 부모는 어떻게 대처해야 할까?

무기력을 극복하게 해주는 이해심과 사랑

딸의 압박감 수용하기

딸들의 머릿속은 혼란으로 가득한데 몸은 계속해서 성장하고 있다.

학교에서도 자꾸만 생각이 딴 데로 흘러 수업에 집중하기 어렵다. 쉬는 시간에 친구와 다툰 일이 자꾸만 떠오르거나 지난 주말 누군가의 생일 파티에 자신만 초대받지 못한 이유가 무엇인지 고민하고 있을지도 모른다. 내일 있을 단어 시험이나 다음 주에 예정된 중요한 수학 시험도 걱정이다. 하룻밤 새 이마에 여드름이 여러 개 솟아나더니 생리까지 시작되어 짜증이 하늘까지 치솟은 상태일 수도 있다. 딸은 이 모든 일들을 감당하기 버거워한다. 그러니 학교에서 집으로 돌아올 무렵이면 기력이 완전히 소진되어 버리는 게 당연하다. 부모와 정답게 마주 앉아 대화를 나눌 기분도 들지 않고 그냥 조용히 혼자 쉬고 싶을 뿐이다. 이때 부모는 딸이 커다란 부담에 짓눌리고 있음을 이해하고 받아들여야 한다.

친구들과 함께 있을 때면 딸은 언제 그랬냐는 듯 활기찬 모습으로 돌아간다. 또래들과 어울리는 일이 사춘기 아이에게 안정감을 주기 때문이기도 하고 친구들에게 매력적이고 활기찬 모습을 보여주고 싶은 욕구 또한 동력으로 작용한다. 그렇게 실컷 놀고 나면 한층 더 기진맥진하기 마련이다. 재미있고 수다스럽고 매력적인 친구 역할을 하는 데도 많은 에너지가 들기 때문이다.

자기 회의감에 빠지는 이유를 파악하기

무기력한 태도는 깊은 자기 회의감와 맞물리는 경우가 많다. 이해하기 어렵거나 잘 할 수 없다고 생각되는 일과 맞닥뜨릴 때면 딸은 좀처럼 의욕을 내지 못한다. 그 범위는 단순한 숙제부터 새 인간관계를 맺는 일에 이르기까지 다양하다. 그러나 사실 그 기저에는 실패할지 모른다는 두려움, 혹은 자신이 충분한 능력을 갖추지 못했다는 두려움이 깔려 있다. 귀찮음은 이를 감추기 위한 가면에 불과하다. 두려움과 불안감을 인정하기보다 귀찮은 체하는 편이 훨씬 쉽게 느껴지기 때문이다. 부모는 이를 정확히 파악하고 필요하다면 기본적인 도움을 주어야 한다.

운동의 유익함

앞서도 여러 번 강조했지만 활동은 선택이 아닌 필수다. 신체활동은 기적을 일구어낸다. 정신을 안정시키고 신체 발달을 도울 뿐 아니라 사춘기 딸의 무기력해진 영혼을 맑게 깨워 줄 수도 있다. 딸이 지금껏 해 오던 운동을 유치하게 느낀다면 다른 종목을 찾아보면 된다. 이때 새 종목을 찾는 일을 도와주되 강요하지는 말고 딸이 스스로 선택할 수 있도록 내버려두어라. 부모가 할 일은 선택지를 제시해 주는 일뿐이다. 헬스장, 힙합 댄스 강습, 주말 요가 교실, 카누 체험 등 딸이 즐겁게 할 수 있는 운동이라면 무엇이든 상관없다. 여기에 친한 친구도 함께한다면 금상첨화다.

동기를 부여해주기

온갖 노력에도 불구하고 딸이 여전히 방 안에 틀어박혀 있다면 동기부여를 해줄 필요가 있다. 게으름과 우유부단함에 빠져 스스로 몸을 일으켜 밖으로 나오는 일 자체가 고된 노동처럼 느껴지기 때문인지도 모른다. 이때는 친구들과 함께 놀이공원에 놀러 가거나 영화를 보러 갈 수 있게 비용을 지원해 주겠다고 제안해 보라. 친구들과 함께 참가할 수 있는 청소년 단체 여행이나 외국어 캠프를 알아보아도 좋다. 딸의 무기력함이 극에 달한 상태라면 부모가 적극적으로 나서서 딸이 다시금 다양한 경험에 흥미를 가질 수 있도록 도와주어야 한다.

심각한 무기력의 원인

극도의 무기력과 의욕 상실은 사춘기에 흔히 나타나는 현상이다. 그러나 의사로서 당부하건대 딸의 무기력함에 항상 세심히 주의를 기울이고 필요할 때는 즉각 전문가의 도움을 구해야 한다. 사춘기 때 불안장애나 우울증 같은 정신과 문제가 시작되는 경우가 무시할 수 없을 만큼 많기 때문이다. 알코올 및 약물 남용이 무기력과 의욕 상실의 원인일 때도 있다. 따라서 아주 조금이라도 이러한 의혹이 든다면 곧장 교사나 소아청소년과 전문의, 산부인과 전문의, 혹은 전문 상담사와 상담하기를 권한다. 극도의 피로와 무기력이 영양결핍을 비롯한 각종 결핍의 징후일 수 있다는 사실 또한 명심하라. 그러니 어떤 방법을 써 봐도 딸이 활력과 즐거움을 되찾지 못한다면 건강검진을 받게 해야 한다.

끝나지 않는 여자들의 갈등

사춘기에는 친구 관계마저 롤러코스터를 타듯 시시각각 변한다. 너무나 변화가 잦다 보니 부모는 딸이 현재 어떤 친구와 어떤 사이인지 감도 잡기 힘들다. 베프라던 친구와 아직도 친한지, 또는 절교했는지 모를 지경이다. 한 친구와 한 몸처럼 붙어 다니며 날마다 몇 시간씩 통화를 하고 거의 매 주말마다 서로의 집에서 자고 오더니, 언제 그랬냐는 듯 연락이 뚝 끊겨 버린다. 적어도 부모 눈에는 그렇게 보인다. 어찌 된 영문인지 물어보면 그냥 상황이 조금 복잡하다는 짧은 대답만 돌아온다. 때로는 이 문제로 완전히 실의에 빠져 있는 것처럼 보이기도 한다.

알고 보면 딸도 이 상황에 대해 혼란스러워하고 있을 가능성이 크다. 사소한 갈등이라고 생각했는데, 그토록 친했던 친구들이 갑자기 내가 아닌 다른 무리와 더 가깝게 지내니 말이다. 부모 또한 아이가 겉으로는 아무렇지 않다는 듯 그 아이들이 까탈스러운 거라고 큰소리쳐도 속으로는 무척이나 상심하고 있다는 사실을 모르는 바 아니다. 그러나 꼭 그 아이들이 아니라도 좋은 친구는 얼마든 있다. 개중에 몇 명은 집에도 몇 번 놀러 왔을 수도 있다. 다만 다행히 정말 좋은 친구를 새로 사귀었다고 해도 이전 친구들과 느낌이 같을 수는 없다. 부모는 부모대로 이전에 친했던 친구들이 딸을 따돌렸다는 생각에 화가 치밀며 냉가슴을 앓기도 한다.

소속감을 향한 갈망

자기 딸이 소외당한다고 느끼는 순간, 부모는 10대 시절에 자신이 겪었던 무리 짓기와 편 가르기의 기억을 떠올리게 된다. 아마 부모 또한 무리에 소속되고 싶은 마음이 간절했을 것이다. 잘나가는 아이들 무리에 섞여 있을 때의 뿌듯함, 그 무리에 끼지 못했을 때의 속상함도 여전히 생생하다. 그러다 보면 딸을 따돌린 친구에 대한 못마땅한 마음이 자신도 모르게 입 밖으로 튀어나오기도 하는데, 다음날 딸이 그 친구를 집에 데려온 것을 보면 또 어안이 벙벙해질 수밖에 없다. 아이들은 언제 그랬냐는 듯 태연하기만 하고, 딸의 방에서는 예전처럼 킬킬대는 소리가 새어 나온다. 그 모습에 부모는 혼란스러우면서도 한편으로는 마음이 놓인다. 두 소녀는 또다시 주말마다 만나 시간을 보낸다. 그렇게 몇 주가 흐르고 둘 사이가 마침내 안정되었다고 안도하던 찰나, 별안간 딸아이가 울상인

채로 집으로 돌아와 걔하고는 두 번 다시 말도 안 할 거라고 소리친다. 친구 관계조차 변덕이 죽 끓듯 하는 이 방황의 시기에 부모는 딸을 어떻게 도와주어야 할까?

친구 관계에 관한 현명한 조언

아는 체하지 말고 경청하기

일시적이든 영구적이든 한 친구와의 관계가 깨지고 나면 딸아이는 깊은 상처를 받는다. 이는 사랑하는 사람과 헤어졌을 때의 감정과 맞먹을 정도다. 이럴 때 아이들은 막막함, 분노, 실망감, 슬픔 같은 감정에 사로잡힌다. 그 친구가 다른 친구들과 가깝게 지내는 모습을 보면 질투심도 치솟는다. 어디에도 소속되지 못하거나 소외당했다고 느끼는 순간, 딸의 자존감과 자기 가치감은 와르르 무너져 내린다. 지켜보는 부모의 가슴까지 미어지는 것은 물론이다.

부모가 느끼는 불편함은 아마도 그들이 청소년기에 겪었던 친구 찾아 삼만 리나 한 교실에서 벌어지던 무리 짓기의 가슴 아픈 기억으로부터 비롯된 감정일 것이다. 하지만 딸의 상처에 부모가 함께 괴로워한들 문제 해결에는 아무 도움도 되지 않는다. 그보다는 딸과 감정적으로 적당히 거리를 둔 채 그저 곁에 있어 주는 일이 중요하다. 품에 안고 토닥이며 딸의 이야기에 귀를 기울이기만 해도 충분하다. 그러면 아이도 엄마와 아빠가 있으니 괜찮다며 든든해 할 것이다. 다만, 딸의 친구들에 관해 험담을 늘어놓거나 나아가 질이 나쁜 아이니 다시는 어울리지 말라는 식의 말을 해서는 안 된다는 점을 명심해야 한다. 본능적으로 딸의 편에 서려는 마음은 이해하지만 부모가 내막을 다 알지 못하기 때문이다. 게다가 부모가 그렇게 반응하면 딸이 그 친구와 화해한 뒤에도 양심의 가책 때문에 부모에게 그 사실을 숨길 가능성이 있다.

직접 개입은 금물

아무리 손끝이 근질거려도 딸의 친구들에게 직접 전화를 걸어 참견하는 일은 없기를 바란다. 그 아이들의 부모와 친한 사이라 해도 부모끼리 연락하는 것 또한 금물이다. 아무리 괴로워도 친구 관계를 포함한 딸의 인간관계는 딸 스스로 해결해야 할 문제다. 부모가 함께 힘들어한다고 해도 아이의 괴로움은 줄어들지 않으니 부탁받지도 않은 상황에서 개입하는 일은 명백히 선을 넘는 행위다. 부모는 그저 오로지 딸의 곁에 있어 주고 이야기를 들어주고 격려해 주기만 하면 된다. 이는 다음 주제인 딸들의 자존감 키워주기와도 직결된다.

자존감 키워주기

자신의 가치에 대해 긍정적인 마음가짐을 갖는 일은 근본적으로 위기 상황을 비롯한 딸의 삶 전반에 중요한 요소다. 모든 부모들은 자녀가 친구 관계를 비롯한 모든 인간관계에서 나쁜 일을 겪지 않기를 바라며, 남들에게 사랑받거나 무리에 소속되기 위해 지나치게 애쓰기를 원치 않는다. 자신의 가치를 낮추고 남에게 매달리는 모습도 분명 바라지 않는다. 이는 인생을 조금 더 살아 본 부모에게 간단한 이치겠지만 딸에게는 아직 그렇지 않다. 딸은 아직 자신만의 강점과 안정적인 인간관계를 적절히 조화시키는 법을 배우는 과정에 있다.

강한 내면은 딸을 기복이 심한 친구 관계로부터 완전히 분리시켜 안전한 장소 또는 활동으로 이끌어줄 수 있다. 딸이 가장 좋아하는 스포츠 종목이나 연극동호회 등이 좋은 예다. 부모는 딸에게 힘의 원천이 되어줄 무언가를 찾아주고 주기적으로 그에 임할 수 있도록 도와야 한다. 딸이 원만한 친구 관계를 회복했을 때도 이를 소홀히 해서는 안 된다.

뭉치고 흩어지기를 반복하며 변화가 잦은 친구 관계와 별개로 다른 곳에서 다른 사람들과 꾸준히 관계를 쌓는 일은 사춘기 딸에게 매우 유익하고도 중요하다. 그 대상이 친척이라면 이모와 함께 주말에 쇼핑을 즐기거나 삼촌과 멋진 공연을 보러 가거나 손녀들에게 무조건적인 사랑을 쏟아주는 조부모님과 여유로운 시간을 보낼 수 있다.

이러한 힘의 원천이나 사람들과의 안정적인 관계, 그리고 부모와의 친밀한 교류는 딸이 강인한 사람으로 성장하는 데 크게 기여한다. 이런 것들이 딸에게 안정감과 안전감, 그리고 자신이 있는 그대로 사랑받는다는 느낌을 부여해 주기 때문이다. 더불어 이는 또래들과의 관계에 위기가 찾아왔을 때도 딸이 중심을 유지할 수 있게 해준다.

딸이 먼저 좋은 친구가 되도록 지도하기

앞서도 언급했듯이 부모는 딸과 친구들 간에 다툼이 벌어졌을 때 한쪽의 입장, 즉 딸의 입장만을 듣게 된다. 그러므로 평소에 딸이 먼저 또래에게 좋은 친구가 되도록 지도해야 한다. 비밀을 지키는 일부터 친구를 소외시키지 않는 일, 문제가 생겼을 때 솔직한 태도로 대화에 임하는 일 등이 모두 여기에 포함된다.

따돌림이 의심될 때의 대처법

지금까지 사춘기 소녀들이 통상적으로 겪는, 그럼에도 무시할 수 없는 고통을 초래하는 갈등과 지극히 정상적인 무리 짓기에 대한 대응 전략을 설명했다. 그러나 이른바 왕따라 불리는 따돌림은 그와 전혀 다른 문제다. 친구 관계에서 딸이 겪는 갈등이 정상적인 범주를 넘어섰다는 느낌이 들 때는 부모가 나서서 단호히 딸의 곁을 지켜 주어야 한다. 다만 부모가 팔을 걷어붙이고 문제를 해결하려 들어서는 안 된다는 점을 명심하라. 따돌림은 결코 개인의 문제가 아니라 공동체 전체의 문제이며, 학창 시절에는 학급 전체가 관련되어 있는 경우도 허다하다. 이때는 딸의 친구들이나 상대 부모에게 직접 연락하지 말고 곧바로 담임교사 및 교장에게 상담을 요청해야 한다. 구조적인 따돌림 문제는 큰 범주에서의 해결책이 필요하기 때문이다.

스마트폰이 앗아 간 일상

가끔 딸의 스마트폰을 빼앗아 창밖으로 던져 버리고 싶은 충동이 들기도 한다. 스마트폰의 이점을 모르는 바 아니지만 온종일 화면에 시선이 고정되어 있는 모습을 보면 화가 치밀 수밖에 없다. 아이들의 스마트폰 사랑은 이른 아침부터 시작된다. 아침밥을 먹으면서도 시선은 스마트폰 화면에 가 있다. 뭘 그렇게 열심히 보는지는 모르지만, 어쨌거나 뉴스는 아닐 터이다. 손가락으로 열심히 액정을 문지르거나 손가락이 보이지 않을 정도로 빠르게 메시지를 입력한다. 부모는 이것이 못마땅하기만 하다.

전자기기에 도둑맞은 진짜 삶

오늘날 10대 청소년들의 대부분은 특정 SNS를 탐색하고 채팅방에서 친구들과 대화를 나누며 최신 드라마 시리즈를 시청한다. 부모 세대로서는 이런 것들로 인해 평범한 사회적 삶이 뒷전으로 밀려나는 추세가 아쉽게만 느껴진다. 당장 내 자녀부터가 스마트폰 화면만 들여다볼 뿐 주변에서 무슨 일이 벌어지는지 전혀 관심이 없다. 점심을 먹으라고 불러도 딸은 스마트폰을 들고 침대에 드러누워 열심히 손가락을 움직일 뿐이다. 저녁에도 마찬가지다. 이쯤이면 부모의 인내심도 바닥나 버린다. 마음 같아서는 잠깐이라도 아이 손에서 스마트폰을 떼어놓기 위해 스마트폰 사용 금지령을 내리고 싶지만, 금지를 남발하는 부모가 되고 싶지도 않고 불필요한 다툼도 내키지 않는다. 그래서 스마트폰은 유용한 도구에 불과하고 진짜 삶은 네모난 디스플레이 밖에 존재한다는 사실을 언젠가 딸 스스로 깨닫기를 바랄 뿐이다. 이를 위해 부모는 무엇을 해야 할까?

올바른 전자기기 사용 습관 기르기

본보기 보여주기

식상하게 들리겠지만, 실제로도 첫 번째 단계는 부모가 모범을 보이는 데서 시작된다. 부모부터 손에서 스마트폰을 놓지 않으면서 입으로만 장시간 스마트폰 사용의 해악에 대해 설파한들 무슨 설득력이 있겠는가. 하지만 부모 자신도 본인이 평소에 스마트폰을 얼마나 사용하는지 전혀 의식하지 못할 수 있다. 틈틈이 모바일 메신저로 메시지를 주고받거나 이메일을 확인하거나 잠깐씩 뉴스 기사를 읽는 것은 부모에게도 일상이기 때문이다. 그리고 업무나 다른 부모들과의 소통, 최신 뉴스 검색 등이 사회생활을 위한 정당한 행위라 여긴다. 그러나 딸들 눈에는 그저 부모의 일상도 스마트폰을 중심으로 돌아간다고 보일 뿐이다. 따라서 부모가 먼저 낮 동안 의식적으로 스마트폰을 멀리하고, 스마트폰으로 처리해야 하는 일들은 조용한 저녁 시간에 몰아서 처리하는 것부터 시작해 보라. 최고의 자녀 교육법은 부모가 본보기를 보이는 것이다.

스마트폰 사용 규칙 정하기

스마트폰 사용과 관련해 모범을 보이는 일이 첫 번째 단계라면, 다음 단계에서는 부모와 자녀 모두가 지켜야 할 규칙을 정한다. 그 규칙의 내용은 가정마다 다르다. 예를 들면 식사 시간에는 스마트폰을 모아 한 가방에 넣어두거나(가장 좋은 방법은 아예 방에 두고 식사하러 나오는 것이다!) 무음으로 설정하는 식이다. 가족끼리 대화를 나누거나 무언가를 함께 할 때는 가능한 스마트폰을 들여다보지 않기로 정해도 좋다. 이렇게 가족들이 함께 정한 규칙은 종이에 적어 냉장고 등 모두가 볼 수 있는 자리에 붙여 두자.

숙제할 때나 밤에는 스마트폰 사용하지 않기

숙제할 때는 스마트폰을 신발장 위와 같이 일정 장소에 보관하도록 하자. 액정이 켜지고 메시지 수신음이나 진동음이 끊임없이 울리면 집중력이 흐트러질 수밖에 없다. 숙제할 때 인터넷 검색이 필요하다 해도 스마트폰의 이용은 바람직하지 않다. 대신에 화면이 크고 프린터도 연결되어 있는 데스크톱이나 노트북을 이용하게 하라. 그리고 숙면은 사춘기 딸에게 매우 중요한 일이므로 잘 때는 스마트폰을 방 밖에 내놓게 한다. 대신에 절대로 스마트폰을 건드리지 않겠다고 약속한다. 이는 신뢰를 완전히 깨뜨리는 행위이기 때문이다.

부모가 동의한 앱만 설치하기

대중교통 시간표 검색, 학교 일정 변동 사항 확인 등 일상을 위한 앱은 매우 편리하다. 그러나 뜻밖의 비용이 발생하거나 불필요하게 스마트폰에 주의를 빼앗길 위험이 있으니 주의해야 한다. 새로운 앱을 설치하기 전에 반드시 부모와 상의하라고 딸에게 당부하도록 하자. 정말 필요한 앱인지 함께 확인하고, 새 앱을 설치하기에 앞서 기존의 앱 하나를 삭제하는 식으로 협의하는 것도 좋다.

소셜미디어의 위험성에 대해 가르치기

딸이 SNS 계정을 만들고 싶다고 하면 왠지 찜찜한 기분이 든다. 어떤 인간군상이 모여있는지 알 수 없기 때문이다. 진짜인지 가짜인지 모를 화려한 외모와 생활방식을 공공연히 떠벌리는 이들도 넘쳐난다. 가능하면 딸이 성인이 될 때까지 SNS에 접근하지 못하게 하고 싶지만 이는 비현실적인 생각이다. 고백하자면 나 역시 실패했다. 다 큰 딸이 하는 일을 부모가 사사건건 통제할 수도 없을뿐더러, 그러고 싶지도 않다. 더욱이 아이들은 그런 것에 건전하게 접근하는 법을 스스로 배워야 할 필요도 있다. 따라서 자녀는 소셜미디어의 세계에 발을 들여놓기 전에 그에 관해 부모와 진지하게 대화해야 한다.

소셜 미디어의 세계

부모는 사전에 딸과 대화를 나누며 인터넷의 잠재된 위험성에 관해 설명해 주고 SNS 사용 지침 및 규칙을 정해두어야 한다. 대화에서 다루어볼 수 있는 몇 가지 주요 항목을 여기 소개한다.

- 딸이 SNS에 무엇을 올리고 싶어 하는가? 청소년들은 특정 사진이나 글이 어떤 의미로 해석될 수 있는지 제대로 인지하지 못하는 경우가 많으므로 주의해야 한다.
- 프로필에는 딸의 실명을 쓰지 마라. 실명이 알려지면 주소를 비롯한 개인정보까지 유출될 위험이 있다.
- 지정된 사람들만 딸의 프로필을 볼 수 있게 설정해 두어라. 팔로우 요청은 상대방이 아는 사람일 경우에만 수락한다. 개인정보 보호를 위해 계정을 비공개로 설정하기를 권한다.
- 청소년을 대상으로 만들어진 채팅방이나 채널이라 해도 어린 소녀들과의 성적인 접촉을 노리는 남성들이 참여했을 경우가 비일비재하다. 따라서 어떤 경우든 실명과 주소를 노출시키거나 모르는 사람과 만나서는 안 된다.
- SNS는 이른바 사이버 왕따의 장이 되거나 미신을 퍼뜨리는 행운의 편지를 확산시키는 등의 부작용이 있다. 딸이 이에 동참하지 않도록 주의를 기울여라.
- 질문이 있거나 어떤 문제가 생겼을 때, 혹은 뭔가 찜찜하거나 두려운 생각이 들 때는 무조건 부모에게 바로 이야기해야 한다고 거듭 당부해 두어라.

첫사랑의 상처

실연은 단순히 아프다는 말로는 표현되지 않는다. 나이를 막론하고 누구에게나 그렇다. 그중에서도 가장 아픈 것은 단연코 첫사랑의 상처다. 부모들도 그 시절, 그 느낌을 기억한다. 예상치 못한 순간에 어마어마한 위력으로 덮쳐오던 그 강렬하고도 찢어질 듯 아픈 감정은 이전까지는 경험해 본 적이 없었다. 아득한 슬픔과 절망, 심장을 짓이기는 고통, 식욕조차 나지 않던 나날, 머릿속을 온통 채우고 있던 단 한 사람에 관한 생각들, 사춘기에는 이 모든 감정이 한꺼번에 폭풍처럼 몰아친다. 딸들도 다르지 않다. 지켜보는 부모가 덩달아 괴로워질 정도다. 천 갈래 만 갈래 찢기는 딸의 감정을 고스란히 느끼며 부모는 그 고통을 덜어줄 수 없음이 안타까울 뿐이다. 이는 오롯이 딸의 몫이다. 깊은 상처로 인한 괴로움이 영영 끝나지 않으리라 믿는 딸의 마음을 부모는 너무나 잘 알고 있다.

온몸으로 아파하는 첫사랑

실연을 당했을 때 느끼는 감정은 단순한 슬픔 그 이상이다. 이는 실제로도 신체적인 통증을 유발시킨다. 미국의 한 연구에서는 실연을 겪을 때와 물리적 통증을 느낄 때 자극되는 뇌 부위가 동일하다는 사실이 밝혀졌다. 눈앞에 있는 딸의 모습이 이를 생생히 증명하고 있다. 어깨를 축 늘어뜨리고 고개를 푹 숙인 채 터덜터덜 걷는 딸의 모습에서는 아무런 의욕도 느껴지지 않는다. 그저 혼자 있고 싶어 하며 숨어들 뿐이다. 방 안을 슬쩍 들여다보면 딸은 침대에 힘없이 드러누워 음악을 듣거나 편지나 사진 따위를 들여다보며 소리 없이 눈물을 흘리고 있다. 사랑에 빠진 사람에게서 흔히 볼 수 있는 모습이다. 수십 년 전 부모의 사춘기 시절이나 지금이나 달라지지 않은 한 가지가 있다면 바로 이것이다. 그러니 지금부터는 부모가 자신의 경험을 총동원해 딸을 도와줄 때다.

한편으로 부모는 사랑의 슬픔과 고통을 축소시키기보다는 딸이 이 특별한 감정을 충분히 느끼도록 내버려두고 싶을지 모른다. 지금 이 순간이 영원하게 느껴지겠지만 언젠가는 다 끝난다는 사실을 부모는 너무나 잘 알고 있기 때문이다. 다른 한편으로는 딸이 그로 인해 지나치게 방황하지는 않기를 바라는 마음도 있다. 나아가 딸의 자존감을 키워주고 용기를 북돋우며 딸의 인생에서 그만큼의 고통과 맞바꿀 만한 가치를 지닌 사람은 아무도 없다고 일깨워주고 싶기도 하다. 이러한 사실은 어떻게 가르쳐 주어야 할까?

첫사랑의 상처를 보듬어주기

지나친 감정 이입은 금물

부모가 딸의 괴로운 마음을 이해하고 곁에 있음을 느끼게 해 주어라. 그러면 딸은 자신이 존중받고 보호받는다는 느낌을 받는다. 그러나 아무리 딸이 안쓰러워도 부모는 부모 역할에만 충실해야 한다. 물론 자녀의 고통을 지켜보는 부모 또한 고통스럽다. 그러나 자녀들이 정서적 위기를 겪을 때는 부모가 적절히 거리를 두고 지켜보는 일이 가장 큰 도움이 된다. 부모는 쓰디쓴 실연의 아픔도 언젠가는 끝난다는 사실을 누구보다 잘 알고 있다. 그러니 딸도 이런 경험을 거치며 한층 더 단단한 어른으로 성장하게 될 것이다. 성장통을 앓고 있는 딸에게는 아무리 깊은 상처도 언젠가는 낫는 법이고 깊은 실의에 빠져 있더라도 부모가 옆에 있다는 사실을 잊지 말라고 신호를 주며 믿음직스럽게 그 곁을 지켜 주어라.

✓ TIP: 이때만큼은 딸을 공주처럼 대하자

이처럼 예외적인 상황에서는 딸을 얼마든지 공주처럼 대해도 좋다. 이때만큼은 그게 부모의 임무라고 생각하라. 딸이 세상에 하나뿐인 멋지고 훌륭한 존재임을 일깨워주고, 딸과 함께 보내는 시간을 더할 나위 없이 소중히 여긴다는 사실을 보여주어라. 함께 나들이를 가거나 외식을 하거나 영화관, 미용실 등을 방문해도 좋다. 딸이 기분 전환을 할 수 있을 만한 아이디어를 총동원하자. 그러면 딸에게 이 시기는 첫사랑의 상처로만 점철된 시절이 아닌, 아프지만 즐거운 시간도 많았던 시절로 기억될 것이다. 이는 이후 딸아이의 삶에 절대적으로 중요한 경험이 된다.

섣부르게 조언하지 않기

부모의 감이라는 게 있다. 그러므로 자녀의 첫사랑이 어떤 결말을 맞을지 대충 짐작이 간다. 처음부터 딸의 첫 연애가 해피엔딩으로 끝나지 않을 거라고 확신하고 있었을지도 모른다. 그렇다고 해서 다음부터는 부모의 말을 들으라는 식의 훈계는 부디 하지 않기를 바란다. 그런 말은 딸의 괴로움을 가중시키고 자존감을 짓밟을 뿐 아무 도움이 되지 않는다. 첫사랑의 아픔은 누구에게나 찾아오기 마련이다. 안타깝지만 어떤 부모도 그로부터 자녀를 보호해 줄 수 없다.

자존감 키워주기

안타깝게도 사랑의 상처는 딸의 자존감에 커다란 생채기를 남긴다.

자신이 사랑받지 못하고 거부당하고 심지어 다른 누군가에 의해 대체될 수도 있는 존재라고 느끼기 때문이다. 따라서 이때는 부모가 팔을 걷어붙이고 딸의 자존감을 회복시켜 주는 일이 절대적으로 중요하다. 앞서 예로 들었던 즐거운 일들을 함께 하는 것 외에도 틈틈이 대화를 나누자. 사랑에 실패한다고 해서 결코 그 사람의 가치가 떨어지지 않는다는 사실을 분명히 일깨워주어라. 딸은 그 말을 이해하지 못할 수도, 불신할 수도 있다. 이때는 부모의 경험을 들려주거나, 사랑하는 사람에게서 사랑받지 못했거나 실연당했지만 내면과 외면의 아름다움을 잃지 않은 당당하고 현명한 여성들의 이야기를 들려주어도 좋다. 처음에는 실연이 쓰라린 고통만 남기는 것 같아도 때로는 전화위복이 되거나 심지어 천운이었음이 드러나기도 한다. 우리 주위에도 앤네 부르다Aenne Burda* 처럼 아픈 사랑의 경험을 통해 더욱 단단해진 여성들이 있을지 모른다. 그녀는 남편의 잦은 외도 때문에 이혼한 뒤 부르다 출판사를 설립하였고 의상 패턴도 직접 디자인하여 엄청난 성공을 거두었다. 이렇듯 이별의 상처를 겪는 사람이 자신뿐이 아님을 깨닫고 나면 딸도 더 이상 의기소침해하지 않을 것이다.

필요할 때는 즉시 개입하기

부모는 딸이 경솔하게 행동하는 일이 없도록 세심히 주의를 기울여야 한다. 모두가 알다시피 심적인 고통에 빠져 있을 때는 이성적이고 냉

* 본명은 안나 막달레나 부르다. 제2차 세계대전 이후 독일 최대 패션잡지를 창간해 패션의 여왕으로 불렸다. 그녀가 만든 패션잡지 『부르다 모덴』은 여러 나라에 번역, 판매되었다.

정하게 행동하기 매우 어렵다. 생물화학적 관점에서 볼 때 실연은 마약중독자가 겪는 금단현상에 버금가는 고통을 유발한다. 정확히는 사랑하는 사람에게 돌아가고 싶다는 간절한 갈망 때문이다. 따라서 부모는 필요하다고 판단될 때, 혹은 딸이 이런 상태에서 좀처럼 헤어 나오지 못할 때 차분하고 현명한 태도로 현실을 깨우쳐주어야 한다. 상대방에게 끈질기게 전화를 걸거나 메시지, 혹은 이메일을 보내지 말라고 당부해 주어라. 누군가가 자신을 사랑하거나 자신에게 돌아오게 만드는 일은 어차피 강요한다고 될 일이 아니다. 설령 상대방과 재결합한다고 해도 불안하게 시작된 관계는 진심에서 우러난 동등한 관계로 발전하기 어렵다.

우리의 딸들은 누구나 진심 어린 찬사를 받을 자격이 있다. 그리고 누군가로부터 함께 있고 싶다는 감정을 받아 마땅한 멋진 존재들이다. 이러한 사실을 깨닫는다면 자신의 존재 가치를 다시 실감하는 날이 반드시 온다. 그때까지 부모는 힘들어하는 딸에게 이를 끊임없이 일깨워주어야 한다. 딸이 한동안 우울함에서 헤어 나오지 못하는 모습을 보면 부모의 인내심도 흔들릴 수 있다. 그러나 딸이 바로 그 우울함에서 벗어나고 더 많은 무언가를 얻으려면 다름 아닌 부모의 도움과 온기, 사랑이 필요하다.

성적 지향을 찾아가는 사춘기

딸에게서 LGBT라는 말을 듣고 어리둥절한 적이 있을지 모른다. 그러나 딸이 오만상을 찌푸리거나 짜증스럽게 한숨을 쉬며 도대체 아는 게 뭐냐고 쏘아붙일까 물어 볼 엄두도 안 났을 것이다. 실제로 모르는 단어이니 그런 핀잔을 들어도 또 할 말이 없다.

LGBT

LGBT는 레즈비언Lesbian, 게이Gay, 양성애자Bisexual, 트랜스젠더Transgender의 머리글자를 딴 약어다. 최근에는 이성애자가 아닌 사람들, 다시 말해 이성에게 성적 호감을 느끼지 않는 사람이나 자신이 잘못된 성별로 태어났다고 느끼는 사람, 자신이 남성과 여성 중 어느 쪽에도 속하지 않는 논바이너리non-binary라고 여기는 사람을 통칭하는 표현으로도 흔히 쓰인다.

의사로 일하다 보면 이러한 개념들은 물론 다양한 성적 지향이 존재한다는 사실 자체를 잘 받아들이지 못하는 부모들을 간혹 만난다. 반면에 청소년들은 전반적으로 훨씬 개방적이고 수용하는 태도를 보이며 그 내용에 관해서도 잘 알고 있다. 아마도 이런 주제가 예전처럼 금기시되지 않고 SNS나 미디어 등에서 자연스럽게 다루고 있기 때문이라 짐작된다. 자신의 변화된 성정체성이나 동성에 대한 이끌림, 혹은 한 가지 성에 스스로를 가두고 싶지 않다는 의지를 공개적으로 선언하는 유명인들도 많다. 다시 말해 오늘날 우리 아이들은 과거와는 비교할 수 없을 정도로 다채로운 무지개빛 세상에서 성장하고 있어 부모 세대보다 훨씬 더 열린 태도를 가질 수 있게 되었다.

그래서 오늘날 사춘기 소녀들에게는 특별할 것 없는 문제다. 하지만 부모는 혹시나 내 딸이 레즈비언일까 봐, 자기 몸과 성별에 거부감을 느낄까 봐, 그것이 딸의 장래에 큰 걸림돌이 될까 봐 큰 불안을 느낀다. 그러다가도 불쑥 딸이 동성을 사랑하거나 스스로 남자이기를 바랄지도 모른다는 생각이 왜 이렇게 엄마, 아빠인 나를 불안하게 만드는지 모르겠다고 느낀다. 세상 모든 부모가 성적 지향이라는 주제를 접할 때마다 한 번쯤 던져 보았을 법한 질문이다.

성적 지향을 탐색하는 시기

이런 이유 때문에라도 부모는 성적 지향이라는 주제를 조금 더 꼼꼼히 들여다보아야 한다. 앞서도 설명했듯이 사춘기는 자신만의 정체성을 찾고 사회 내에서 자신의 자리를 확보하는 시기다. 그러니 사춘기를 맞아 개인의 정체성에서 큰 부분을 차지하는 성별과 성적 지향이 심판대에 오르는 것도 당연하며, 이 또한 정상적이고 자연스러운 성장 발달 과정의 일환이다.

딸이 가장 친한 친구에게 불현듯 신체적인 이끌림을 느끼거나 신체 접촉을 하거나 입 맞추고 싶은 충동이 든다고 해서 반드시 동성애 성향이 있다고 볼 수 없다. 드물지만 소녀들끼리 첫 성 경험을 하는 경우도 있다. 따지고 보면 딸이 신뢰할 수 있는 사람, 함께 있을 때 안전감과 친밀함을 느끼는 사람, 자신과 비슷한 몸을 가진 사람은 결국 가장 친한 친구가 아닌가. 그런 사람과 함께 낯선 성의 세계를 체험하는 일은 딸에게 탐색의 기회이자 자신의 몸에 대해 조금 더 잘 알게 되는 계기가 되어 준다. 물론 사춘기 소녀들 모두가 이런 과정을 거치지는 않지만, 그렇다고 이를 비정상적인 행동으로 간주할 필요는 없다.

내 진료실을 방문하는 소녀들 중 다수는 갑작스러운 신체 변화를 감당하기 힘들어한다. 유방이 커지면서 통증이 생기고 월경은 불편하기 그지없으며 주변에서 자신을 점점 여성으로 보니 스스로도 자기 성별을 강하게 의식하게 된다. 남학생들이나 심지어 성인 남성들이 희롱하거나 원치 않는 접촉을 시도하는 일도 조금씩 생긴다. 이런 경험이 쌓이면서 소녀들은 자기 몸을 숨기려고 일부러 헐렁한 티셔츠를 입고 다니기도 하고 긴 머리카락이나 길게 다듬은 손톱 등 여성의 특징으로 여겨지는 모든 것을 강력하게 거부하기도 한다. 이 또한 모두 소녀들이 새로운 몸에 적응하는 데 시간이 필요하다는 사실에서 기인하는 정상적인 현상이다.

이와 관련해 나는 부모에게 평정을 잃지 말라고 조언하고 싶다. 무엇보다도 딸을 정해진 틀 안에 가두려 들어서는 안 된다. 지금 일어나는 모든 일들은 딸이 성장하며 거쳐야 할 통과의례이므로 무엇 하나 방해하거나 금지하거나, 또는 평가해서는 안 된다. 특히 익숙하지 않은 성적 지향에 거부감을 느끼는 부모들은 혹시나 딸이 부모의 바람과는 다른 성적 지향을 가졌는지 명확하게 알아내려 든다. 이 문제를 잘 대처하려면 명확성이 도움이 된다고 판단하기 때문이다.

그러나 사춘기는 딸을 이성애자, 혹은 LGBT로 나누기에는 너무나도 이른 시기다. 이때는 그러한 범주화 자체가 무의미하다. 미국에서 시행된 각종 연구에 따르면 청소년들이 성정체성과 관련해 겪는 문제 중 90~95퍼센트는 사춘기가 지나면 사라지는 일시적인 현상에 불과하다.

어떤 소녀들은 사춘기 초기 또는 전반에 걸쳐 자신의 여성성을 전혀 받아들이지 못하고 유방 발달이나 월경과 같은 신체 변화에 극도로 괴로워한다. 어떤 부모들은 이 문제를 의학의 도움을 받아서라도 빨리 해결하려 든다. 호르몬 치료로 사춘기를 늦추고 신체 발달을 억제하면 딸이 정서적 위기를 빠르게 극복할 수 있다고 여기기 때문이다. 그러나 의사 및 심리 상담사들은 청소년의 성정체성이 발달하는 시기에 성급하게 호르몬 치료나 나아가 성전환수술을 받게 하는 일을 강하게 반대한다. 하루라도 빨리 딸의 고통을 덜어주고 싶은 부모의 불안과 간절함은 충분히 이해하지만 이럴 때일수록 한발 물러서서 딸에게 시간을 주어야 한다. 딸에게 여러 가지를 시도하고 경험하며 자신에 관해 알아갈 수 있는 기회를 만들어주어라. 때가 되면 딸은 온전히 자신만을 위해 옳은 결정을 내릴 수 있게 된다. 필요할 경우 전문가와의 상담도 그 결정에 도움이 될 수 있다.

딸이 동성애 또는 양성애 성향을 보일 때

성장기를 충분히 거친 딸이 동성과 이성 모두에게 호감을 느끼거나 또는 동성에게 끌린다는 사실을 알게 되었다면, 이제부터는 부모가 딸의 앞길에 지지자가 되어 주어야 한다. 딸이 어떤 성적 지향을 지녔든 부모가 선호하는 성적 지향이 무엇이든 간에 딸이 내 아이라는 사실에는 변함이 없다. 딸이 자기 자신과 화합하고 주위 사람들과 조화로운 관계를 맺으며 살아가도록 독려하며 곁을 지켜주는 일은 딸을 위해서도, 나아가 부모와 딸이 좋은 관계를 만들어 가기 위해서도 중요하다. 누군가를 사랑하는 능력, 상대방에게 충실하고 진심을 다하며 동등한 관계를 유지하는 능력은 커다란 축복이다. 그리고 딸에게 이러한 능력을 선물해 준 장본인은 바로 부모다. 그 사랑이 향하는 상대가 이성인지 동성인지, 혹은 둘 다인지는 전혀 중요하지 않다. 그저 자신이 훌륭한 딸을 키워 낸 훌륭한 부모라는 사실만 기억하자.

딸에게 힘이 되어 주려면

긍정적인 느낌 심어주기

부모는 무조건 딸을 지지하고 있다는 사실을 알게 해 주어라. 물론 딸이 부모와 다른 성적 지향을 가졌다는 사실을 처음 알게 된 순간에는 숨이 멎는 듯한 기분이었다고 솔직하게 말해도 괜찮다. 솔직함 역시 참된 관계의 전제조건이기 때문이다. 다만 딸을 사랑하고, 딸이 언제든 기댈 수 있는 부모로서 그 앞날을 함께 하겠다는 확신도 심어주어야 한다.

딸의 이야기에 귀를 기울이기

사랑에는 고통과 상처, 갈등이 동반되기 마련이다. 딸을 고뇌에 빠지게 만든 상대의 성별은 중요한 문제가 아니다. 그저 딸이 조언이나 위로가 필요할 때, 혹은 그냥 기대어 울 어깨가 필요할 때 부모가 항상 고민을 들어주고 힘이 되어 줄 준비가 되어 있음을 알게 해 주어라.

커밍아웃에 대해 의논하기

공개적인 커밍아웃을 통해 주위 사람들에게 자신의 성적 지향을 알릴지, 혹은 굳이 설명할 필요 없이 자연스러운 연애를 이어 갈 것인지 결정하는 일은 온전히 당사자인 딸의 몫이다. 부모는 그저 딸의 선택을 지지하고 곁을 지켜주면 된다. 다만 딸 혼자서 모든 것을 짊어지지 않도록 교사나 가족들, 그 밖의 누군가와 이에 관해 솔직히 대화해 보라고 제안하라. 딸이 이를 받아들였다면 부모는 그러한 기회를 만들어주면 된다.

한 가지 유의할 점은 이 모든 과정이 자연스럽게 이루어져야 한다는 사실이다. 커밍아웃은 오로지 딸의 성적 지향을 전달하는 데 목적을 둘 뿐, 어떤 변명이나 구실, 그 밖의 무언가를 암시해서는 안 된다. 또한 커밍아웃 과정에 부모가 개입하기를 딸이 원치 않는다면 뒤로 물러나 모든 것을 딸의 손에 맡겨 두어라.

딸과 자신을 자랑스러워하기

오늘날에는 자신의 성적 지향을 공개하는 일이 예전보다 훨씬 쉬워졌지만, 커밍아웃에는 여전히 큰 용기가 필요하다. 그럼에도 딸이 이를 감행한다면 부모는 그처럼 멋진 딸을 자랑스럽게 여겨도 좋다. 더불어 부모가 많은 일을 올바르게 해냈기 때문에 딸이 그토록 강인한 사람으로 성장했다는 사실에 자부심을 느껴도 좋다.

아들이 되고 싶어 하는 딸

앞서 나는 성정체성을 찾아가는 이 시기에 딸에게 충분한 시간과 여유, 믿음을 주어야 한다고 당부했었다. 그리고 딸이 여성으로서의 정체성을 두고 오랜 시간 심각한 내적 갈등을 빚는다면 부모로서의 직감을 믿어 보라고 다시 한번 당부하고 싶다. 그처럼 심각한 내적 갈등이 언제부터 시작되는지 딱 꼬집어 말하기는 매우 어렵다. 그러니 부모도 직감에 따르는 수밖에 없다. 딸이 동성 친구들과 자신의 몸을 불편하게 느끼고 그로 인해 정신적으로 큰 고통을 받고 있다는 생각이 든다면 즉시 전문가의 도움을 구해야 한다. 이 문제는 가정에서 해결할 수 없으므로 딸과 부모 모두에게 의학적, 심리적 지원이 필요하다.

전문가의 조언과 도움 구하기

딸의 문제로 도움을 구할 만한 첫 번째 상대는 산부인과 의사다. 먼저 부모가 의사를 찾아가 상황 설명을 하는 것이 좋다. 문제에 대해 대략의 틀이 잡히면 딸을 도울 수 있는 최선의 방법을 고민하고 계획을 세울 수도 있다. 다음으로는 종합병원 등에서 운영하는 전문상담센터를 찾아가 심리상담사, 호르몬 관련 전문가, 의사 등 다양한 분야의 전문가들과 상담해 보는 것이 좋다.

다른 성정체성은 질병이 아님을 알려 주기

이는 매우 중요한 문제다. 성정체성 문제는 치료해야 할 질병이 아님을 잊지 말아야 한다. 지금 우리는 딸이 자기 몸에 거부감을 느끼거나 다른 성정체성으로 살고자 할 때 이들을 도와줄 최선의 방법이 무엇인가에 관해 이야기하고 있다.

칼럼

사랑하는 엄마, 아빠에게

저처럼 어른으로 성장해 가는 소녀들을 위한 책에 이렇게 제 목소리를 남길 수 있게 되어 무척 기뻐요. 제 이름은 레니, 나이는 열셋이랍니다. 저 역시 한창 사춘기라 불리는 시기를 거치고 있지요.

제가 바라는 게 무엇이냐고요? 정말 어려운 질문이지만 여기에 그 대답을 적어 볼게요. 제 가장 큰 바람은 부모님이 제 본보기가 되어 주시는 거예요. 저와 대화를 나누며 엄마, 아빠의 생각과 감정을 허물없이 이야기해 주셨으면 좋겠어요. 또 엄마, 아빠에게서 생각과 감정을 조절하는 법도 배우고 싶어요. 언제든 부모님과 대화를 나눌 수 있고, 부모님이 어떤 반응을 보일지 지레 걱정할 필요 없이 무슨 고민이든 털어놓을 수 있는 일이 매우 중요하다고 생각해요.

하지만 제 나이 때는 누구나 제일 친한 친구들하고만 공유하거나 그저 혼자서만 간직하고 싶은 비밀이 있어요. 부모님과는 아무 관련도 없는 비밀이지만, 그래도 괜찮다고 생각해요. 그러니 부디 제가 엄마, 아빠에게 뭐든지 다 이야기해야 한다고 생각하지는 말아 주세요.

제 또래의 수많은 친구들은 부모님이 자신에게 어떤 자유도 허락해 주지 않거나 자기 문제를 부모님 마음대로 결정해 버리거나 그저 자신의 즐거움을 망쳐 버리고 싶어 한다고 생각해요. 정말 안타까운 일이에요. 아마 이 친구들은 그런 이유 때문에 부모님과 점점 더 거리를 두게 될 거예요.

저는 이제 무엇이 옳고 그른지 어느 정도 판단할 수 있게 되었지만, 아마 제 판단이 항상 맞지는 않을 거예요. 하지만 늘 올바른 판단을 내릴 수 있는 사람이 세상에 어디 있나요? 그건 엄마, 아빠도 마찬가지일 테고요!

물론 저는 아직 부모님만큼 많은 경험을 해보지는 못했어요. 때로는 제가 부모님을 힘들게 한다는 것도 잘 알아요. 하지만 엄마, 아빠의 바람이 무엇이든 제 인생 경험은 저 스스로 쌓아야 해요. 실패도 해 봐야 하겠죠. 부모님의 의견에 따르면 도움은 되겠지만, 결국은 제가 옳다고 여기는 일을 시도해 보아야 저 자신에게도 더 좋으리라 생각해요. 작은 경험들이 모여 인생 경험이 되잖아요? 엄마, 아빠는 물론 이런 과정을 거치셨겠지만 저는 이제부터 시작이랍니다.

부모님이 시키는 대로만 움직여서 스스로 깨달은 게 하나도 없다면, 나중에 제 아이들에게 무슨 조언을 해줄 수 있을까요? 또 엄마, 아빠가 어렸을 때 항상 부모님 말씀에 고분고분 따르기만 했다면 어땠을까요? 지금과 똑같은 어른이 되어 있었을까요? 전혀 그렇지 않았을 거예요!

제 나이에는 삶이 그리 녹록지 않게 느껴지는 것 같아요. 청소년들은 항상 서로를 비교하고 이 세상에서 믿을만한 사람과 그렇지 않은 사람에 대해 끊임없이 고민하거든요. 이렇게 힘든 순간 저에게는 제 이야기에 귀 기울여 줄 누군가가 필요해요. 그리고 그럴 때 엄마, 아빠는 그저 듣기만 해주세요. 무언가를 조언해 주실 필요도 없어요. 가끔은 꼭 무슨 대답을 들을 필요 없이 그저 제 이야기를 털어놓기만 해도 마음이 풀리니까요.

제가 가장 큰 본보기로 삼는 사람은 엄마지만 늘 그렇지만은 않아요. 저는 이게 좋은 일이라고 생각해요! 누구나 실수는 하는 법이고, 제가 보기에 엄마(아빠도 마찬가지고요)가 무언가를 잘못했다면 저는 그 일을 다르게 해볼 수도 있잖아요.

겉으로는 쉽게 인정하려 들지 않지만, 사실 저 같은 10대 청소년들에게는 부모님이 필요하답니다. 부모님이 저희를 자랑스러워하시는 모습을 보면 저희도 뿌듯해져요. 부모님은 저희 삶에 정말 너무너무 중요한 분들이에요. 엄마, 아빠는 아주 많은 순간에 저희에게 본보기가 되어 주시니까요.

제2부

사춘기 소녀의 상담실

제4장

월경에 관한 모든 것

이 장에서는 다양한 신체 변화를 겪는 사춘기 소녀들을 위해 2차 성징에 관한 상세한 의학 정보를 싣고자 한다. 더불어 날마다 내가 진료실에서 만나는 수많은 소녀들이 어떤 고민을 가지고 산부인과에 발걸음하게 되는지 이야기하기로 한다. 월경에서부터 생리불순에 이르기까지, 이들을 괴롭히는 것은 많고도 많다. 엄마, 아빠들이 딸의 신체 변화와 각종 문제에 관해 숙지하고 필요한 순간에 적극적으로 도와준다면 성장기 딸과 부모 간의 애착도 더욱 견고해질 것이다.

지금까지는 부모가 사춘기 딸과의 일상에서 겪는 다양한 상황들을 살펴보았다. 부디 앞에서 제시된 조언들이 부모에게 유용하기를 바라며, 이제 사춘기 소녀에게 필요한 의학적 사안을 살펴보기로 한다. 딸들은 사춘기를 거치면서 정서발달과 더불어 광범위한 신체 발달을 경험한다. 그러니 당연히 궁금한 것도 많고 이런저런 문젯거리들도 겪게 된다. 이때도 일차적으로는 부모가 딸의 든든한 동반자가 되어 주는 것이 매우 중요하다. 그러기 위해서는 딸의 신체에 어떤 변화가 일어나는지 미리 파악하고 위급한 상황에서 빠르게 대처하기 위한 응급처치법도 숙지하고 있어야 한다. 부모의 준비된 태도는 딸에게 늘 네 곁을 지키고 있을 테니 도움이 필요할 때면 언제든지 달려오라는 메시지를 전달해 준다. 부모를 향한 딸의 신뢰는 더욱 깊어지고 부모 또한 자녀와의 관계를 한층 공고히 다질 기회를 얻게 된다.

나는 산부인과 전문의로 일하면서 월경, 피임 등과 관련해 가장 먼저 엄마에게 묻지 않는 소녀들이 의외로 많다는 사실을 알게 되었다. 딸이 산부인과를 처음 방문할 때 함께 가 주는 아빠들이 적지 않다는 사실 또한 뜻밖이었다. 월경이나 생리주기 등을 직접 경험한 적이 없는 아빠들에게는 특히 이 장에 소개할 내용들이 큰 도움이 되리라 생각한다.

초경

딸에게 초경은 그야말로 일생일대의 전환점이다. 어떤 소녀들은 일찍부터 대비가 되어 있는가 하면 무방비 상태에서 갑작스레 초경을 겪고 충격에 휩싸이는 소녀들도 있다. 오늘날 대부분의 아이들은 남녀를 막론하고 부모의 지도나 초등학교의 성교육 수업을 통해 일찍부터 많은 것을 배운다. 심지어 아기가 어떻게 생기는지도 정확히 알고 있다. 그러나 정작 월경과 월경주기에 대해서는 제대로 모르는 경우가 많다. 이를 금기로 여기는 사람들이 아직도 많다는 뜻일까? 어쨌든 상황이 이렇다 보니 아무 준비 없이 초경을 맞고 자신에게 무슨 일이 일어난 건 아닌지, 혹시 병에 걸린 건 아닌지, 출혈이 영영 멎지 않으면 어떻게 해야 할지 생각하며 불안에 떠는 소녀들이 적지 않다. 딸을 근심과 불안에서 구하려면 월경이 시작되기 전 적절한 시기에 대화를 나누며 설명해 주어야 한다. 이때 요점이 될 만한 항목은 다음과 같다. 이와 관련된 자세한 정보는 뒤에서 설명하기로 한다.

- 왜 갑자기 출혈이 시작될까?
- 이때 여성의 몸에서는 어떤 일이 벌어지고 있을까?
- 출혈은 얼마나 지속되며, 출혈량은 총 어느 정도일까?
- 월경에 사용되는 위생용품의 종류에는 무엇이 있을까?
- 월경주기는 보통 며칠 정도일까?
- 월경으로 인해 생길 수 있는 문제는 무엇일까? (과다월경, 생리불순, 생리통 등)
- 성관계나 피임은 어떻게 해야 할까?(단, 딸이 충분히 성숙한 경우에 한함)

이런 대화에서는 부모의 감이 중요하다. 딸이 부모와 이 주제로 대화하기를 거북하게 생각한다면 딸과 친한 다른 사람이 이를 대신하거나 산부인과 등에 비치된 관련 정보 책자를 구해다 주는 것도 좋은 대안이다.

많은 10대 소녀들은 초경이 시작된 뒤에도 이에 관해 이야기를 기피한다. 월경을 수치스러워하고 남들이 눈치챌까 두려워하기 때문이다. 이때 부모는 월경은 질병이 아닌 자연스러운 현상이라고 설명하고 딸이 이에 대해 경직된 생각을 품지 않도록 다독여주어야 한다. 월경은 창피한 일이 아니라 자랑스럽게 여길 일이다.

물론 초경을 간절히 기다려 왔던 소녀라면 뿌듯해한다. 이미 월경을 시작한 친구들이 한 달에 한 번 체육이나 수영 수업에 빠지는 모습을 보며 하루빨리 그 무리에 끼고 싶어하기 때문이다. 이들에게 월경은 자신도 이제 완전한 여자라고 온 세상에 공표하는 일종의 표식이나 다름없다.

월경을 대하는 딸의 마음가짐이 어떻든 초경은 누구에게나 성장 발달 과정에 한 획을 긋는 대사건이다.

✓ TIP: 부모와 딸이 함께 대비하는 초경

딸이 자주 복통을 호소하거나 속옷에 이른바 냉이라고 부르는 흰색 분비물이 묻어나는 현상은 호르몬 분비 변화의 징후일 수 있다. 따라서 이를 초경이 임박했다는 신호로 간주하고 신중하게 대비해야 한다. 딸이 마음의 준비가 되어 있거나 초경을 간절히 기다렸다 하더라도 막상 속옷에 피가 묻으면 화들짝 놀랄 수밖에 없다. 이런 일은 학교에 있을 때나 외출 중에 닥칠 수도 있다.
이러한 때를 대비해 딸의 책가방에 응급키트를 만들어 넣어두자. 이는 매우 유용하게 쓰인다. 또한 이를 통해 딸은 부모의 애정도 느낄 수 있다. 예쁜 파우치에 여벌 속옷, 생리대와 팬티라이너 한 개씩만 넣어도 충분하다.

생리에 관한 간략 정보

부모가 자녀에게 대화나 상담 상대가 되어 주고 든든하게 곁을 지켜 주는 일은 언제나 바람직하다. 월경이 시작되는 시기와 같은 인생의 대전환점에는 더욱 그렇다. 자기 몸에 무슨 일이 벌어지고 있는지 제대로 이해하는 소녀들은 신체 변화도 잘 받아들일 수 있다. 그러나 여성의 신체와 월경주기는 성인과 청소년을 막론하고 개인마다 천차만별이다. 그러니 딸이 끊임없이 자신을 다른 여성들과 비교하며 자기 몸에 문제가 있다고 의심하지 않도록 세심히 주의를 기울여야 한다.

딸에게 이를 명확히 일깨워주는 일은 부모의 몫이다. 세상에 똑같은 몸을 가지고 태어나는 사람은 없고 몸은 지금 자신만의 생체리듬을 만들어가는 중이며 월경주기도 마찬가지라고 말해 주자. 월경의 원리를 설명하는 일도 도움이 된다. 내 직업적 경험에 의하면 사춘기 소녀들은 부모로부터 거리를 두는 것 같으면서도 이처럼 어려운 주제는 엄마, 아빠에게 의견을 구할 때 매우 큰 안도감을 느낀다. 그러니 딸과 대화할 기회를 마련해 '그날'에 관한 모든 정보를 알려 주고 혹여 이와 관련해 고민이 있다면 엄마, 아빠가 언제든 함께 산부인과에 가 주겠다고 말해 두어라.

앞서 언급했듯이 오늘날 초경이 시작되는 평균 연령대는 만 13세 무렵으로 그 연령대가 점점 앞당겨지고 있다. 사실 초경은 어느 날 갑자기 시작되지 않는다. 대부분의 소녀들은 수 주에서 수개월 전부터 수시로 아랫배가 당기는 느낌을 받거나 복통을 앓는다. 이런 증상들을 초경이 임박했다는 신호로 봐도 무방하다.

한 번의 월경으로 배출되는 혈액량은 평균 20~70밀리리터 정도다. 다만 각종 연구에 따르면 여성들은 출혈량을 실제보다 많게 느끼는 경향

여성의 월경 주기

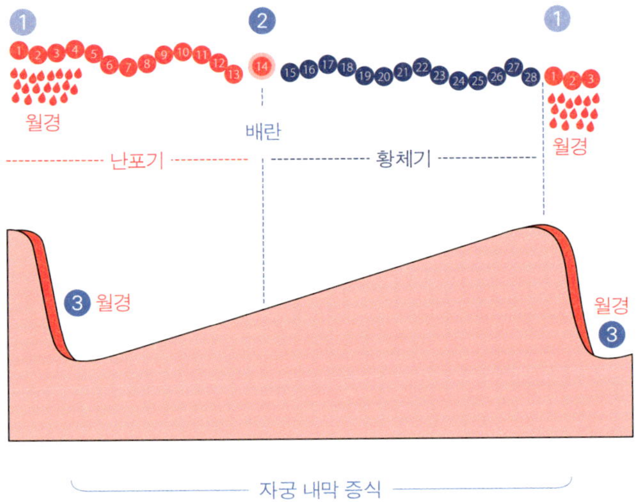

여성의 월경주기는 다양한 호르몬에 의해 조절되며 평균 28일, 대부분 25~32일 간격이다. 다만 일부 여성들에게서는 이보다 짧거나 길게 나타나기도 한다. 물론 월경주기는 변화할 때도 있다.

월경주기의 시작일은 월경이 시작되는 첫째 날❶, 주기의 마지막 날은 다음 월경이 시작되기 전날로 정의한다. 배란❷은 대략 월경주기의 중간, 다시 말해 새 주기가 시작되고 약 14일 전후에 이루어진다. 이때는 여성이 임신할 가능성이 있는 시기로, 이른바 가임기로 불린다. 매달 월경이 끝나면 자궁 내막이 증식되기 시작한다. 수정란이 이 자궁 내막에 착상하면 임신이 된 것이며 이때부터 월경이 멈춘다.

착상이 이루어지지 않으면 주기가 끝난 뒤 자궁 내막이 떨어져 나가며 월경이 시작된다❸. 출혈은 약 3일에서 7일 동안 지속되는데, 여기에도 개인차가 있다. 월경이 끝나면 자궁 내막이 다시 증식되기 시작한다.

이 있다. 딸이 피를 너무 많이 흘린다고 생각하며 불안해한다면 딸에게 동의를 구한 뒤 생리대를 확인하는 방법도 있다.

월경 달력을 활용한 주기 점검

딸이 초경을 시작했다면 월경 달력으로 함께 관리하는 것도 좋은 방법이다. 이를 통해 딸의 월경주기나 말하기 힘든 문제가 발생하지 않았는지 파악할 수 있다. 그리고 딸에게도 부모가 항상 자신의 안위에 신경 쓰고 있으며 필요할 때 곁에 있어 줄 것이라는 믿음을 줄 수 있다.

최소한 초기 얼마간이라도 월경 달력을 활용해 볼 것을 권한다. 인터넷에서는 다양한 종류의 월경 달력을 다운로드할 수 있으니 참고하기를 바란다.

생리와 위생

대부분의 소녀들은 월경이라는 주제를 민망하게 여기면서도 초경 시작 전에 부모가 미리 설명해 주고 월경 용품의 종류에 관해 알려 주면 내심 기뻐한다. 준비되지 않은 상태에서 갑작스레 월경이 시작될까 걱정스럽기 때문이다. 그러니 혹시 궁금한 것이 있는지 한번 물어보자. 물론 그 전에 최신 월경 용품의 종류에 대해 미리 알아두어야 한다. 이전까지 월경 용품은 일반 생리대와 탐폰 정도였다. 하지만 최근 몇 년 사이에 다양한 제품들이 출시되면서 선택의 폭이 훨씬 넓어졌다. 덕분에 여성들이 한결 산뜻한 느낌으로 안심하고 월경 기간을 보낼 수 있게 되었으며 월경으로 인한 제약도 대폭 줄어들었다. 산부인과 의사인 내게도 이는 반갑기 그지없는 일이다.

	1	2	3	4	5	6	7	8	9	10	11	12	13	14	15	16	17	18	19	20	21	22	23	24	25	26	27	28	29	30	31
1월																															
2월																															
3월																															
4월																															
5월																															
6월																															
7월																															
8월																															
9월																															
10월																															
11월																															
12월																															

+ 적음　　∘ 통증 없음　　Z 부정출혈

++ 보통　　∞ 보통　　B 유방 통증

+++ 많음　　∞∘ 강함　　K 두통

여성 월경 용품의 종류

생리대 · 팬티라이너

월경을 처음 경험하는 소녀들에게는 월경량이 다소 많을 때 쓰는 생리대와 소량의 혈액만 묻어날 때 쓰는 팬티라이너가 가장 기본적이고 무난하다. 그날그날의 출혈량에 맞게 적절한 사이즈의 생리대를 선택하면 된다. 대부분의 제품은 속옷에 잘 고정되도록 아랫면에 접착제가 붙어 있다. 속옷의 바깥쪽으로 접어 고정시키는 날개형은 월경혈이 옆으로 새지 않게 막아준다.

그리고 향이 첨가된 제품은 사용하지 않는 편이 좋다. 착향제가 질 내 젖산균의 정상적인 증식을 방해해 질염을 유발할 수 있기 때문이다. 생리대나 팬티라이너의 교체 횟수도 당연히 월경량에 따라 달라진다. 적어도 생리대 전체에 월경혈이 흡수되었다면 새것으로 바꿔준다. 참고로 보통 밤에는 생리대를 교체할 필요가 없다. 수면 중에는 일반적으로 출혈이 훨씬 줄어들기 때문에 이튿날 아침에 바꿔도 충분하다. 월경량이 많다면 길이가 길고 흡수력도 훨씬 좋은 오버나이트를 사용하면 된다.

✓ TIP: 천 생리대

일회용 생리대의 대안으로 계속 세탁해서 쓸 수 있는 천 생리대가 있다. 기성품을 주문해도 되지만 인터넷에서 도안을 쉽게 구할 수 있으니 직접 만들어도 좋다. 천 생리대는 플라스틱이 들어가지 않은 생리대와 더불어 지속 가능한 월경 용품으로 꼽힌다.

탐폰

월경을 막 시작한 소녀들에게는 탐폰 삽입이 쉽지 않다. 은밀한 부분을 만지는 것도 그렇고, 무엇보다도 질 속에 무언가를 삽입하는 일이 꺼림칙하게 느껴지기 때문이다. 체내에 이물질을 넣은 채 돌아다녀야 한다니 생각만 해도 거부감이 든다. 탐폰이 훨씬 위생적이고 편한 제품이라 생각하더라도 사용 여부는 딸의 선택에 맡겨야지 부모가 강요해서는 안 된다. 탐폰 역시 흡수량에 따라 사이즈가 다양하다. 청소년들이라면 가장 작은 사이즈부터 써 보는 게 좋다. 일부 제품에는 삽입을 도와주는 보조도구가 부착되어 있다.

탐폰을 처음 삽입할 때는 침대에 누워 몸에 힘을 빼고 다리를 약간 벌려 세운 자세로 시도하는 것이 가장 쉽다. 원활한 삽입을 위해 크림이나 젤을 바르면 탐폰의 흡수력이 떨어지므로 사용을 피해야 한다. 탐폰은 질의 가장 안쪽, 이른바 질 천장이라 부르는 곳까지 깊숙하게 밀어 넣어야 한다. 제대로 삽입했다면 이물감이 느껴지지 않는다. 하지만 질 입구에 너무 가깝게 삽입되면 눌리는 느낌이 들어 걷기 불편하다. 첫 시도 때 제대로 삽입되지 않았더라도 다시 시도하면 되니 걱정할 필요 없다.

참고로 탐폰의 교체 주기는 최대 여덟 시간이다. 그렇다고 해서 딸이 탐폰을 삽입한 채 여덟 시간 넘게 자고 있다면 굳이 깨울 필요는 없다. 다만 잠자리에 들기 전 새것을 삽입하고 다음 날 아침에 일어나자마자 곧바로 교체하도록 한다. 딸이 자거나 외출했을 때 탐폰을 교체할 타이밍을 놓쳐 월경혈이 샐까 불안해한다면 생리대를 함께 착용하게 해라.

월경이 끝났다면 마지막 탐폰을 반드시 제거해야 한다는 사실을 명심해야 한다. 내 진료실에는 이를 깜빡 잊어버리는 바람에 세균감염 등의 문제가 생겨 찾아오는 환자들이 종종 있다. 그러니 딸의 생리가 끝날 무렵에 다시 한번 확인하도록 부모가 상기시켜 주어야 한다.

독성쇼크증후군

딸이 갑자기 탐폰이 끔찍하고 치명적인 질병을 유발시킬 수 있느냐고 물어도 놀라지 마시라. 어디선가 그에 관한 기사를 읽었거나 탐폰의 사용설명서를 꼼꼼히 읽어봤거나 혹은 친구에게 무언가를 들었을 가능성이 높다. 여기서 말하는 질병이란 대개 독성쇼크증후군을 가리킨다. 결론부터 말하자면 다행스럽게도 발병 사례는 극히 드물다. 독성쇼크증후군은 세균에 오염된 탐폰이나 생리컵을 사용했을 때 일어난다. 감염되면 심한 고열, 오한, 두통 같은 증상과 더불어 특유의 피부발진이 나타나는 경우가 많다. 그러나 탐폰은 교체할 때 손을 깨끗이 씻으면 문제 없다. 그러니 이러한 사실을 확실히 일러주며 딸을 안심시켜 주자. 과도하게 걱정하거나 삽입형 월경 용품을 아예 쓰지 못하게 할 이유는 전혀 없다.

생리컵

1930년대에 등장한 생리컵은 그 역사가 길지만 불과 몇 년 전에야 주목받기 시작했다. 생리컵은 매우 훌륭한 발명품이다. 의료용 실리콘으로 만들어졌으며 크기도 다양하고 몇 년에 걸쳐 사용할 수 있기 때문이다. 지속 가능한 데다가 가격까지 저렴하다. 생리컵은 손으로 살짝 눌러서 질 안으로 삽입한다. 삽입되면 다시 펼쳐지면서 질 벽에 밀착되고 월경혈이 컵 안으로 모이기 때문에 샐 염려가 없다. 최대 열두 시간 뒤에는 생리컵을 빼서 세척한 다음 다시 삽입한다. 월경이 끝나면 끓는 물에 소독해야 다음 주기에 위생적으로 사용할 수 있다.

해면 탐폰

해면 탐폰은 천연 월경 용품이다. 해저에서 자라는 해면은 지속 가능한 자원 중 하나로 꼽힌다. 해면 탐폰은 여러 번 재사용할 수 있다. 탐폰처럼 질 내에 삽입하면 월경혈을 흡수하는데, 출혈량에 따라 네 시간에서 여덟 시간 간격으로 교체하면 된다. 다만 탐폰처럼 잡아당길 수 있는 실이 없으므로 해면 탐폰을 제거하려면 사전 연습이 필요하다. 엄지와 검지로 잡고 골반 근육을 이용해 밀어내면 비교적 쉽게 꺼낼 수 있다. 사용한 해면 탐폰은 깨끗이 세척하면 곧바로 재삽입할 수 있다.

생리팬티

생리팬티는 온·오프라인으로 구입할 수 있으며 색상이나 디자인도 다양하다. 생리팬티의 장점은 외관상 일반 속옷과 전혀 구별되지 않는다는 점이다. 게다가 매우 편하기까지 하다. 이 속옷은 가운데 부분이 항균층을 포함한 여러 겹의 천으로 덧대어져 있다. 이 부분이 월경혈을 흡수하는데 샐 염려도 없고 냄새도 나지 않는다. 최장 2년까지 사용이 가능하므로 일회용 생리대나 탐폰보다 가격도 저렴한 셈이다. 40도의 물로 빨면 일반 옷가지처럼 세탁할 수 있으므로 여러 번 재사용이 가능하다. 많은 여성이 생리팬티를 단독으로 사용하지만, 월경량이 많을 때는 새는 것을 방지하기 위해 탐폰이나 생리컵 같은 월경 용품을 추가로 쓰는 사람도 있다.

사춘기 청소년에게 이상적인 월경 용품

한 마디로 대답하자면 그런 것은 없다. 그냥 개인에게 가장 잘 맞는 용품을 선택해야 한다. 생리대, 탐폰, 생리컵, 해면 탐폰, 생리팬티 중 소녀들에게 적합하지 않은 월경 용품은 없다. 딸이 선택한 월경 용품이 잘 맞는지, 다른 것을 사용해 보고 싶은지 주기적으로 물어보면 된다. 그러나 딸은 혼자 가게에서 생리컵을 사려면 용기가 필요하고 생리팬티처럼 특수한 제품은 파는 곳도 알기 힘들다. 그러므로 부모가 도와주도록 하자.

지속 가능한 월경 용품

여성 한 명이 평생 사용하는 생리대 및 탐폰의 수는 대략 1만~1만 7천 개에 달한다. 물론 이것은 고스란히 쓰레기가 된다. 많은 생리대와 팬티라이너, 탐폰은 플라스틱이 원료이므로 환경을 오염시킨다.
최근에는 플라스틱을 사용하지 않아 자연분해가 가능한 제품들도 생산되고 있다. 이러한 제품들은 화학 물질을 비교적 적게 사용하기 때문에 피부에도 덜 해롭다. 그러니 상점, 또는 인터넷에서 생리대를 구입할 때 의식적으로 플라스틱 프리 제품을 찾아보면 좋다.
딸에게는 생리대와 팬티라이너, 탐폰 등을 반드시 변기가 아닌 쓰레기통에 버리라고 당부해 두어라. 그렇지 않으면 변기가 막힐 위험이 있고 오수처리시설에서도 문제가 될 수 있다.
생리컵이나 해면 탐폰은 쓰레기가 거의 나오지 않는 지속 가능한 월경 용품으로 꼽힌다.

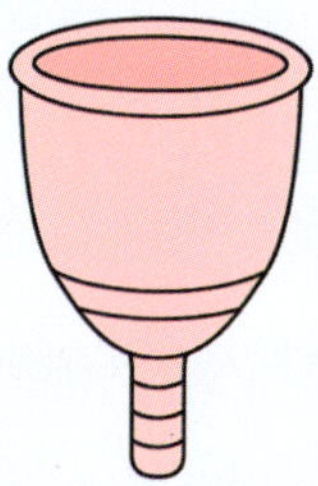
생리컵

해면 탐폰

월경이 유발하는 문제들

월경이 시작되면 딸의 인생에는 크게 변화한다. 월경은 멋지고 자연스러우며 매우 중요한 발달단계이지만 이것이 딸을 무척이나 괴롭힐 수도 있다. 월경은 지독히 고통스럽다. 월경량이 많을 때는 피를 너무 많이 흘린 것 같아 겁을 먹기도 한다. 월경주기가 매우 불규칙한 소녀들은 생리대가 없을 때 갑자기 월경이 시작될까 걱정하고 성 경험이 있는 청소년들은 월경이 늦어지면 임신했을까 전전긍긍한다. 이렇듯 10대 소녀들에게 월경이라는 주제는 사춘기를 통틀어 커다란 화두일 수밖에 없다.

산부인과에서는 이와 관련해 무엇이든 물어볼 수 있다. 그러나 아마도 사춘기 소녀들은 월경 문제가 생겼을 때 가장 먼저 부모에게 이야기할 것이다. 부모도 딸에게 별다른 고충이 없는지 수시로 확인해야 한다. 딸의 짜증이나 퉁명스러운 대답쯤은 감수해야 한다. 처음부터 터놓고 이야기할 거라고는 기대하지 말자. 다음 월경 때 생리통이 심하거나 양이 너무 많다고 느끼면 딸이 먼저 이야기할지도 모른다. 이때는 일단 누구나 자주 겪는 일이라거나 늘 이렇지는 않다는 말로 위로하며 안심시켜 주어라. 그런 다음 딸과 함께 해결 방안을 고민하자.

지금부터는 초경이 시작되고 한 해 동안 소녀들이 다양한 월경 문제를 겪는 이유를 설명하고, 부모가 도울 수 있는 방법에 관해 몇 가지 팁을 주고자 한다. 미리 알아 두면 딸에게 궁금한 점이 생겼을 때 대화를 나누며 딸의 신체 변화에 대해 정확히 설명해 주고 통증이나 불쾌감을 덜 방법도 찾아줄 수 있을 것이다.

여성들을 괴롭히는 생리통

무엇이 문제일까?

내 딸도 생리통의 희생양이 될 수 있다. 생리통은 일상생활에 큰 지장을 주는 것은 물론, 청소년들의 정서에도 큰 영향을 미친다. 나는 매달 학교에도 못 갈 정도로 극심한 생리통에 좌절하는 소녀들을 마주한다. 하지만 학교에 가기 싫어 핑계를 댄다고 나무라거나 남들도 다 겪는 생리통인데 왜 너만 유난을 떠느냐고 핀잔하는 사람들도 있다.

이처럼 부당한 비난과 아무도 자신을 믿어 주지 않는다는 느낌은 어린 소녀들에게 적잖은 스트레스가 된다. 또 가뜩이나 외모에 신경 쓸 나이에 생리통, 과다 출혈, 생리불순 등을 겪다 보면 자기 몸에 더욱 거부감을 느낄지도 모른다. 미국의 한 연구에서는 일반적으로 생리통이 심한 소녀들이 자기 몸에 불만을 느끼는 경우가 많다는 결과가 나왔다. 이럴 때일수록 부모의 세심한 보살핌이 더욱 중요함은 말할 필요도 없다.

생리통의 원인

모든 10대 소녀들의 약 50~75퍼센트가 생리통을 겪는다. 소녀들의 절반 정도가 생리통 때문에 결석한 적이 있다는 뜻이기도 하다.

생리통의 원인은 자궁내막의 특정 호르몬 분비량 증가다. 궁금한 사람들을 위해 덧붙이자면 이 호르몬은 이름은 프로스타글란딘, 류코트리엔, 바소프레신이다. 이런 호르몬들은 혈관과 근육을 수축시키는 작용을 한다. 대부분 근육으로 이루어진 자궁 또한 혈관과 근육의 반복된 수축 때문에 경련을 일으킨다. 소녀들은 이 경련 때문에 통증을 느끼며 경우에 따라서는 출산할 때의 진통과 엇비슷한 정도의 고통을 안겨준다.

이 호르몬들은 구역질, 구토, 두통을 유발시키기도 한다. 나아가 그중 일부는 통증역치를 낮추어 통증을 전반적으로 더 강하게 느끼게 한다.

생리통 완화에 도움이 되는 것

아직 어린 딸에게 가능한 강한 진통제를 먹이고 싶지 않은 것이 부모의 마음이다. 진통제도 부작용이 상당하기 때문이다. 그러나 진통제 말고는 도리가 없는 경우도 있다. 생리통에 효과가 있는 진통제에 관해서는 뒤에서 설명하기로 하고 여기서는 충분한 효과를 발휘할 수 있는 자연적인 방법을 소개하고자 한다.

자연스러운 통증 완화법은 생리통의 강도가 약하거나 중간 정도일 때 효과가 있다. 다만 통증이 심해질 때까지 기다리지 말고 곧바로 시작하여야 한다.

보온요법: 보온 물주머니, 보온 복대, 붙이는 생리통 완화 패드를 이용하면 자궁 근육이 이완되고 혈관이 확장되어 혈액순환이 개선된다. 결과적으로 통증도 진정된다.

침술요법: 침술요법이 생리통 완화에 탁월한 효과를 발휘한다는 사실은 이미 수많은 의학 논문을 통해 증명되었다. 최근에는 서양에서도 많은 의사와 조산사, 자연 치료사들이 생리통에 침술요법을 적용하고 있다.

경피신경 전기자극 Transcutaneous Electrical Nerve Stimulation, TENS: 경피

신경 전기자극을 사용한 통증 완화 요법이다. 통증이 발생한 신체 부위에 전극을 부착해 피부층 아래에 있는 신경에 전기자극을 가함으로써 큰 부작용 없이 통증을 억제한다. 생리통도 이 치료법으로 완화시킬 수 있다. 약국, 의료기기 전문점, 인터넷 등에서 가정용 전기자극치료기를 구할 수 있다.

오메가3 지방산: 오메가3 지방산의 장기 복용은 생리통을 완화시켜 진통제 복용을 줄일 수 있다. 이 지방산이 통증을 유발하는 호르몬 생성을 억제하기 때문이다. 이는 다양한 의학 연구를 통해 증명된 사실이다. 그러므로 생선, 아마씨유, 카놀라유, 호두, 아몬드 등 오메가3가 풍부하게 함유된 음식을 충분히 섭취하도록 하는 것이 바람직하다. 생리통이 심할 때는 매일 2,000밀리그램의 캡슐형 오메가3 지방산을 추가로 섭취하도록 한다. 이는 약국 등지에서 쉽게 구할 수 있다.

마그네슘: 마그네슘은 근육을 이완시키는 작용을 한다. 그래서 종아리 근육에 경련이 일어나면 마그네슘 섭취를 권장한다. 마그네슘 추가 복용이 생리통을 크게 완화시킨다는 사실 역시 각종 논문을 통해 확인되었다. 마그네슘은 월경이 시작되기 최소 7일 전부터 월경 시작 후 3일 차까지 하루 300밀리그램을 추가 복용한다. 생리통이 매우 심하면 하루 복용량을 600~800밀리그램까지 늘려도 좋다.

운동: 생리통이 심하면 운동할 마음도 나지 않겠지만, 통증 억제에는 운동만 한 것이 없다. 움직임을 통해 몸 전체의 혈액순환이 개선되면서

통증이 줄기 때문이다.

금연: 애초에 청소년은 여러 가지 건강상의 이유로 담배에 손을 대지 않는 것이 좋다. 특히 10대 소녀들은 흡연을 하면 혈관이 좁아져 생리통이 더욱 악화될 위험이 있다.

이런 방법이 큰 효과를 보지 못한다면 진통제를 쓰는 수밖에 없다. 이때 부모는 딸에게 맞는 약을 적정량으로 복용하도록 세심히 주의를 기울여야 한다.

생리통 완화에 쓰이는 진통제

10대 소녀들이 주기적으로 고용량의 진통제를 복용해야 할 만큼 심한 생리통을 앓는다면 일단 산부인과 전문의의 진료를 받아보면 좋다. 자궁내막 조직이 자궁 밖에서 증식하는 자궁내막증이 심한 생리통의 원인일 수도 있기 때문이다. 10대 소녀가 자궁내막증에 걸리는 일은 거의 없지만 가능성을 아주 배제할 수는 없다. 어쨌거나 부모의 최우선 목표는 딸이 계속해서 고통을 겪지 않도록 돕는 것 아닌가. 그 외에 특수한 상황이라면 경구피임약도 선택지가 될 수도 있다. 경구피임약을 사용한다면 에스트로겐과 프로게스토겐 성분이 혼합된 복합제제 또는 프로게스토겐 단일정제가 좋다.

생리통에 가장 많이 쓰이는 소염진통제의 종류 및 청소년의 용법·용량은 다음과 같다.

	1회 복용량	일일 최대용량
이부프로펜	200~400mg/회 4~6시간마다 복용	12세 이상 소아 및 성인 기준 1,200mg
아세트아미노펜	500~1,000mg 4~6시간마다 복용	4,000mg

이밖에도 부틸스코폴라민브롬화물 및 아세트아미노펜 성분의 부스코판Ⓡ플러스Buscopan®Plus정* 역시 생리통을 빠르게 완화시켜주는 것으로 알려져 있다.

불규칙한 월경주기

무엇이 문제일까?

생리통과 더불어 불규칙한 월경주기도 사춘기 소녀들의 적이다. 혹자는 그게 무슨 문제냐고 생각할지도 모른다. 물론 초경 이후 1년 동안은 월경주기가 불규칙한 경우가 매우 흔하므로 엄밀히 따지면 그다지 문제될 것은 없다. 그러나 당사자인 딸은 월경이 언제 시작될지 모른다는 사실이 너무나 신경이 쓰인다. 예컨대 한 달에 한 번인 줄 알고 있던 생리를

* 국내에서는 성인만 복용이 가능하지만, 제조국인 독일의 용법 · 용량 기준에 따르면 만 12세부터 1회 10mg 1정, 하루 최대 6정까지 복용이 가능하다.

두 번이나 한다면 아이는 불안할 수밖에 없다. 아무 준비도 안 된 상태에서 갑자기 월경이 시작될까봐 두려워하는 소녀들도 많다. 성 경험이 있는 소녀들은 월경이 늦어지면 임신했을까 걱정되어 '그날'만을 손꼽아 기다리며 하루하루를 불안하게 보내기도 한다.

이때는 일단 초경 이후 한동안은 주기가 불규칙한 것이 정상이라고 딸에게 설명해야 한다. 그리고 월경주기를 안정시키는 데 도움이 될 만한 방법을 딸과 함께 고민해 보자.

초기 생리불순의 원인

앞서도 이미 살펴보았듯이 여성호르몬 분비는 복잡한 순환 주기에 따라 이루어진다. 어느 정도 체계가 잡히기까지는 시간이 필요하다. 사춘기에는 배란이 규칙적이지 않으므로 무배란 월경주기를 거칠 수도 있다. 일반적으로 첫 2~3년 동안은 월경주기가 매우 불규칙하여 무월경 기간이 몇 주에서 몇 달까지 지속되기도 하지만 시간이 지나면서 주기가 점차 안정된다.

부모의 역할

초기에는 월경주기가 불규칙한 것이 정상이며 또래 아이들 대부분이 같은 경험을 한다고 일깨워주기만 해도 딸에게는 큰 도움이 된다. 그러나 여러 달이 지나도록 월경이 시작되지 않는다면 산부인과 진료를 권장된다. 예컨대 호르몬 불균형이 원인이라면 검사를 통해 적절한 조치를 취할 수 있기 때문이다. 갑상선 수치를 검사해 보는 것도 좋다. 그리고 의사가 신체검사를 통해 과체중이나 저체중 여부를 판단할 수도 있다. 부모는 딸이 규칙적으로 휴식을 취할 수 있도록 보살피고 학교 스트레스나 친구들과의 갈등을 겪을 때도 긴장을 풀 기회를 마련해 주어야 한다.

생리불순이 생기는 이유

일정한 주기로 월경을 하는 여성들도 이따금 생리불순을 겪는다. 이때는 주기가 몇 주 늦어지거나 잦은 부정 출혈이 한동안 지속되기도 한다. 생리불순의 원인은 다음과 같다.

- 스트레스
- 체중 변화
- 과도한 운동
- 약물복용
- 호르몬 불균형
- 갑상선 기능 이상
- 주기의 중간에 질병을 앓는 경우 (독감, 기타 감염질환 등)

과다월경

무엇이 문제일까?

10대 소녀들은 적은 월경량에는 그다지 신경 쓰지 않는다. 물론 주기는 정상적인데 매번 피가 약간 비치는 정도에 그치면 처음에는 이상이 있나 싶어 걱정하는 마음에 병원을 찾는 소녀들도 있다. 그리고 처음 몇 년은 그런 경우가 흔하므로 치료할 필요가 없다는 내 설명을 들으면 다들 안심하며 돌아간다. 월경량이 적어 오히려 다행이라고 생각할지도 모른다. 몇몇 친구들처럼 심한 출혈 때문에 매달 월경 때마다 진이 다 빠지는 것보다는 그게 낫기 때문이다.

과다월경의 원인

사춘기에는 과다월경이 비교적 흔하다. 생리대나 탐폰 등을 자주 교체해야 하는 상황은 당사자를 무척 힘들게 한다. 출혈이 심할 때는 새지 않을까 불안한 마음에 학교에 가거나 친구를 만나는 것도 꺼린다. 혈액 손실이 크다 보니 무척 피곤하고 축 늘어지며 무기력해지기도 한다.

과다월경에는 여러 가지 원인이 있지만, 이때도 가장 큰 이유는 호르몬 변화 주기가 안정될 때까지 어느 정도 시간이 걸리는 데 있다. 그러나 혈액 응고 장애나 호르몬 불균형 같은 질환이 원인일 가능성도 배제할 수 없다. 따라서 과다월경이 주기적으로 발생한다 싶으면 지켜보기만 하지 말고 꼭 딸을 데리고 산부인과를 찾아야 한다.

과다월경 완화에 도움이 되는 것

일단은 딸이 안심하고 지낼 수 있도록 보살피는 일이 중요하다. 대개는 보이는 것만큼 출혈이 심각하지 않기 때문이다. 이번 달에는 유독 양이 많다가 다음 달에는 또 적어지기도 한다. 그러나 증상이 나아지지 않는다면 의사를 찾아야 한다. 그리고 주기적으로 다량의 혈액 손실이 발생하면 빈혈에 걸리기 쉽다. 피로, 의욕 상실, 성적부진 등은 빈혈 증상일 수 있으니 규칙적으로 철분제를 복용해야 한다. 빈혈을 예방하거나 조기에 철분제 복용을 시작하고 싶다면 바로 산부인과를 찾아가 건강에 이상이 없는지 검사를 받아야 한다.

경구피임약은 복용 시 생리 주기가 규칙적으로 잡히고 생리통과 과다월경도 다소 완화된다. 이처럼 경구 피임약은 피임 여부와 상관없이 사춘기 소녀들이 큰 고충 없이 편안하게 일상생활을 하는 데 도움을 주는 약이기도 하다.

✓ TIP: 천연 철분제

딸의 월경량이 다소 많을 때는 약국 등에서 쉽게 구할 수 있는 천연 철분제를 복용시키면 자연적으로 빈혈을 예방할 수 있다.

제5장

유방에 관한 모든 것

가슴

사춘기 딸에게 유방은 언제나 뜨거운 화두다! 수많은 소녀들은 유방이 어느 정도 도드라지게 부풀기만을 손꼽아 기다린다. 일찍부터 아동용 브래지어나 아직 헐렁한 일반 브래지어 속에 패드를 넣어 입는 소녀들도 적지 않다. 자신은 이제 여자가 되었다는 뜻이다. 부모들은 그 모습에 웃음이 나오기도 한다. 부모 눈에는 아직 아기 같기만 한 딸이 브래지어로 어른 흉내를 내려고 애쓰는 상황이 그저 귀여울 따름이다.

그러나 유방이 사춘기 딸에게 심각한 고민과 불안감을 안겨주는 원인이 될 수도 있다는 사실을 결코 간과해서는 안 된다. 가슴이 제대로 커지고 있기는 한 걸까? 이 정도면 정상일까? 너무 큰 게 아닐까? 아니면 너무 작은가? 모양이 예쁘게 잡힐까? 여기서 더 이상 커지지 않는 건 아닐까? 사춘기 내내, 그리고 그 이후로도 오랫동안 딸의 머릿속은 유방에 관한 온갖 고민이 차지할 것이다. 안타깝게도 나는 진료실에서 만난 여성들이 자신의 유방에 만족하는 경우를 거의 본 적이 없다. 그래서 부모가 사춘기 딸과 일찌감치 가슴에 관해 대화를 나누는 일이 중요하다고 생각한다. 문제는 오늘날 다른 수많은 주제들과 마찬가지로 유방 또한 진실과는 거리가 먼 이야기들이 인터넷에 넘쳐난다는 점이다. 미디어에서는 비현실에 가까운 커다란 가슴이 마치 이상적인 여성미의 기준인 양 등장한다. 그 크기가 전체적인 신체 비율과 조화를 이루는가는 둘째 문제다. 여차하면 그냥 실리콘을 집어넣어 부풀린다. 임신이나 모유 수유로 인한 튼살, 처짐 등 자연스러운 세월의 흔적도 용납되지 않는다.

이로 인해 많은 소녀들은 아름다운 가슴을 갖지 못하면 나중에 남성들의 관심을 끌지 못하리라 생각한다. 그에 더해 또래로부터 비웃음이나 놀림이라도 받게 되면 소녀들의 좌절감은 더욱 깊어진다. 부모는 이런 문제가 생기지 않는지 항상 예의주시하고 있어야 한다.

미디어에서 보여지는 이상적인 미의 기준은 비현실의 극치일 뿐이다. 10대 소년들과 남성들이 오로지 커다란 가슴에 매력을 느끼고 열광한다는 생각도 완전한 착각이다. 오히려 가슴이 너무 커서 고민하는 소녀들과 여성들도 많다. 딸에게 유방 발달에 대해 설명해 주고 딸의 근심 걱정을 덜어주는 일 또한 부모에게 주어진 과제다. 딸에게 끊임없이 "너는 있는 그대로 소중하고 멋진 사람이야!"라고 말해 주자.

유방이 발달하는 시기

유방은 여성호르몬의 영향으로 평균 10.5세부터 발달하기 시작한다. 물론 이는 통계적인 수치일 뿐이다. 그보다 이르거나 늦은 나이에 시작돼도 전혀 문제되지 않는다. 조그맣게 잡히는 멍울은 유방 발달의 첫 신호다. 이것은 유두의 피부층 바로 아래에 형성되며, 만지면 작은 종기같이 느껴지고 약간 아플 수도 있다. 내 진료실에는 종종 딸의 가슴에 멍울이 잡힌다며 근심 어린 얼굴로 찾아오는 부모들도 있는데, 대부분은 유방 발달로 인한 멍울이다. 유두가 쓰라리고 약간 부은 듯한 느낌이 들어도 전혀 걱정할 필요 없다. 유방이 발달하면서 생기는 자연스러운 증상이기 때문이다.

첫 브래지어 착용 시기

유방이 발달하는 시기와 양상은 사람마다 매우 다르기 때문에 브래지어를 처음 착용하는 시기도 개인차가 매우 크다. 브래지어를 여성성의 상징으로 여기고 환상을 품는 많은 소녀들은 하루라도 빨리 브래지어를 착용하고 싶어 한다. 그러나 처음 몇 해 동안에는 작은 멍울만 잡혀 있는 상태이므로 브래지어보다는 속옷을 받쳐 입기만 해도 충분하다.

유방이 조금 더 발달하면 아동용 스포츠브라를 착용해야 좋다. 활동할 때 가슴을 잘 받쳐줄 수 있기 때문이다. 일반 브래지어는 와이어가 있든 없든 매우 불편할 수 있고 고정도 잘 되지 않으며 일부 부위를 압박하기도 하므로 어린 소녀에게는 아직 적합하지 않다.

✓ TIP: 브래지어 쇼핑 이벤트

첫 브래지어를 구입할 때는 부모의 도움이 꼭 필요하다. 자신의 사이즈에 맞게 브래지어를 고르는 일은 성인 여성에게도 쉽지 않다. 약 80퍼센트의 여성들이 자신에게 맞지 않는 브래지어를 착용한다는 사실을 알고 있는가? 따라서 딸이 브래지어를 처음 구입한다면 상점에 함께 가서 판매 직원의 도움을 받는 것이 좋다. 딸이 부끄러워하면 옆에서 안심시켜 주자. 속옷 판매점 직원들은 크기도 모양도 가지각색인 여성의 가슴을 보고 상담해 주는 일이 일상이니 말이다.
브래지어 쇼핑을 딸과 단둘이 즐거운 시간을 보내기 위한 이벤트로 삼아도 좋다. 맛있는 디저트를 먹고 돌아다니며 옷이나 브래지어를 구입하고 마지막으로 영화를 보러 가는 식으로 말이다.

유방이 어느 정도 커지면 스포츠브라가 아닌 가슴을 조금 더 잘 지지해 주는 브래지어를 착용해야 하는 시기가 온다. 착용 시기는 딸의 판단에 달려 있다. 물론 어떤 소녀들은 편하고 활동에 제한도 받지 않는 스포츠브라를 선호해서 시간이 지나도 일반 브래지어로 바꾸지 않는다. 물론 그래도 상관없다. 반드시 일반 브래지어를 착용해야 한다는 의학적 근거는 어디에도 없기 때문이다.

유방 발달 속도를 조절할 수 있을까?

어떤 소녀들은 진료실을 찾아와 가슴이 더 빨리, 더 커지는 약이 있는지 묻기도 한다. 경구피임약이 그런 효과를 낸다는 이야기를 듣고 와서 피임약을 처방해달라고 조르는 경우도 적지 않다. 그때마다 나는 상업광고나 SNS에서 떠드는 것과 달리 유방을 크게 만들어주는 약은 어디에도 없다고 타이른다. 물론 경구피임약의 성분 중 특히 에스트로겐으로 인해 유방이 팽팽하게 부풀 수는 있다. 여성들이 임신했을 때 가슴이 커지는 것도 에스트로겐 때문이다. 그러나 경구피임약은 어디까지나 의약품일 뿐, 신체 사이즈를 변화시킬 목적으로 쓰기에는 부적절하다. 또한 모든 약물에는 부작용이 있으므로 약을 복용했을 때의 장단점을 충분히 고려한 뒤에 처방받아 복용해야 한다. 그리고 어차피 경구피임약은 복용을 중단하면 부풀었던 가슴이 원래의 크기로 되돌아온다.

유방은 만 18세 또는 그 이후까지도 계속 발달한다고 설명하면 소녀들은 대부분 마음을 놓는다. 신체 발달에는 시간이 걸리기 마련이고 발달 속도에도 개인차가 크다. 그 결과물인 체형이 사람마다 천차만별인 것처럼 말이다.

유방 발달 과정에서 겪게 되는 문제들

유방통

유방이 발달하는 동안 소녀들은 유방통에 시달리곤 한다. 피부가 팽팽하게 당기는 느낌이 들고 유방 전체에 통증이 느껴질 때도 있다. 유방이 묵직하게 붓는 것 같고 유두가 자극에 극도로 예민해지기도 한다. 특히 월경 전후에는 호르몬 변화 때문에 이런 고충이 더욱 심해진다. 소녀들에게는 매우 괴로운 일이지만, 이 역시 지극히 정상적이고 위험하지 않는 현상이다. 다만 잘 맞는 브래지어를 착용하도록 신경 쓸 필요는 있다.

✓ TIP: 유방통에 특효인 블랙커민시드 오일

블랙커민시드 오일은 유방통이 심할 때 특효를 발휘한다. 불포화 지방산과 기타 식물성 물질로 구성된 이 오일은 오래전부터 진통 효과로 정평이 나 있다. 유방에 오일을 바르고 흡수될 때까지 부드럽게 마사지하면 팽만감이나 압박감이 금세 완화된다. 나아가 피부와 유두를 부드럽게 만드는 효과도 있다.

비대칭 유방

비대칭 유방도 10대 소녀들이 산부인과를 찾게 만드는 대표적인 원인 중 하나다. 사춘기 딸은 자신의 몸을 매우 면밀하게 관찰한다. 몇 시간씩 거울을 들여다보며 자기 몸을 구석구석 살펴보는 일도 많다. 셀카를 수없이 찍어 대며 끊임없이 자기 몸을 점검하고 다른 여성들과 비교하기도 한다. 그러나 이 세상에 완벽하게 대칭을 이룬 몸을 가진 사람은 아무도 없다. 애초에 신체 발달 자체가 대칭적으로 이루어지지 않는다. 각 부위의 성장이 저마다 다르게 촉진되기 때문이다. 유방도 동시에 발달하지 않기 때문에 양쪽의 크기가 똑같지 않다. 부모의 눈에는 표시도 안 나겠지만 딸에게는 미세한 차이가 보일 것이다. 딸이 이 문제로 고민하면 그 역시 자연스러운 현상이니 괜찮다고 달래 주자.

양쪽 유방의 크기가 눈에 띌 정도로 차이 나는 경우는 거의 없지만, 딸들이 비대칭 유방 때문에 스트레스를 많이 받는다면 브래지어에 패드를 넣어 교정할 수도 있다. 패드를 구입할 때도 부모가 함께 가 주는 것이 좋다. 딸의 고민을 진지하게 받아들이고 그로 인한 스트레스를 덜어 주는 일이 중요하기 때문이다. 다만 유방 발달이 마무리되기까지 시간이 아직 많이 남았으며 자연은 늘 충분한 시간을 필요로 한다고 딸에게 설명해 주어라. 희망적인 이야기를 덧붙이자면, 성장 발달이 끝난 후에도 유방의 크기가 눈에 띄게 달라서 스트레스를 받거나 바른 자세를 유지하는 데 방해가 된다면 수술을 통해 비대칭을 완화할 수 있다.

제6장

그밖의 신체적, 정신적 고민과 궁금증

사춘기가 끊임없는 감정 기복과 크고 작은 정서적 위기, 그리고 적어도 부모의 시각에서는 이해할 수 없는 행동으로 점철된 시기라는 데는 이론의 여지가 없다. 시시각각 변하는 기분에 장단을 맞춰주기도 힘들뿐더러 무슨 생각을 하고 사는지 도무지 알 수 없는 경우도 허다하다. 그러나 지금까지 이야기한 사춘기의 특징에 비추어보면 이는 놀라거나 걱정할 필요가 없는 일이다. 이 모든 상황이 자연스럽게 흘러가도록 내버려두자. 심호흡을 하고 이해심을 발휘하며 감정에 휘둘리지 말고 그냥 부모의 자리를 지켜주자.

그런데 무기력함의 이면에 정말로 우울증이 뿌리내리는 중이라면 이를 부모가 알아챌 수 있을까? 운동에 대한 과도한 집착은 심각한 섭식장애의 초기 증상이지는 않을까? 갈수록 심해지는 감정 기복의 원인이 마약 때문은 아닐까? 어떤 행동이 정상적인 사춘기 기복의 범주에 속하고 어떤 행동이 심리 질환의 증상으로 분류되는지 부모가 판단할 수 있을까?

어쨌든 이런 판단이 쉽지 않다는 사실만은 확실하다. 심한 감정 기복, 스스로를 고립시키는 태도, 자기 몸에 골몰하는 모습 등은 일단 사춘기의 자연스러운 현상으로 봐도 무방하다. 그러나 일부 정신과 질환 및 정신장애가 이 시기, 다시 말해 사춘기에 시작된 것 또한 사실이다. 부모가 항시 애정 어린 경계의 눈길로 자녀를 지켜봐야 하는 이유도 여기에 있다. 딸 때문에 주체할 수 없이 화가 솟구치고 이해심이 바닥나며 매일 밤 제발 이 시기가 빨리 지나가기만을 기도하는 순간에도 말이다.

주의해야 할 정신과 질환의 징후

실제로도 부모가 결코 간과해서는 안 되는 위험 징후가 있다. 물론 심각한 문제가 아닐 가능성도 있으므로 그런 징후가 엿보인다고 지레 동요할 필요는 없다. 다만 조금 더 주의를 기울여 딸의 상황을 보다 면밀히 살펴본 뒤, 필요하다고 판단되면 전문가의 도움을 구하라. 의사로서 특히 걱정되는 점은 이런 문제가 생겼을 때 여전히 많은 부모가 쉬쉬하며 전문적인 도움을 받지 않는다는 사실이다. 상황이 심각해지며 가족 모두가 위기를 겪고 있어도 어떻게든 집에서 해결해 보려 애쓰다가 시간을 허비하는 경우가 너무나 많다.

그래서 나는 이 자리를 빌려 모든 부모에게 경종을 울리고자 한다. 막다른 곳에 다다랐다는 느낌이 들면 용기 내어 이야기해야 한다. 자신이 한계에 다다랐으며 누군가의 도움이 필요하다는 사실을 인정하는 것은 나약함이 아닌 강인함의 증거다. "더 이상 어찌해야 할지 모르겠어. 하지만 부모로서의 의무를 저버리지도, 포기하지도 않을 거야. 우리가 이 난관을 극복하도록 도와줄 수 있는 사람을 찾아가 조언과 지원을 구해 보자."라는 의지를 보여주는 것이다.

딸의 특정한 행동이 염려스러우면서도 그게 사춘기 청소년의 정상적인 행동 범주에 포함되는지 판단할 수 없을 때는 물어보는 게 상책이다. 전문 지식을 갖춘 사람, 관련 업무에 종사하는 사람, 연륜이 풍부한 사람들을 찾아가라. 일단은 가정의나 산부인과 전문의, 정신과 전문의, 심리상담사를 찾아갈 것을 추천한다.

여기서는 사춘기 소녀들에게서 나타날 수 있는 개별적인 정신과 질환을 설명하고 그와 관련해 도움을 받을 수 있는 곳을 소개하기로 한다. 먼저 각종 정신과 질환의 위험 징후일 수 있는 행동 특징은 다음과 같다.

섭식장애

· 식사량이 눈에 띄게 줄고 건강에 좋은 특정한 음식만 골라 먹는다(예: 문자 그대로 익히지 않은 야채만 먹으며 초콜릿 등의 단것은 칼로리 폭탄이라며 극도로 거부함).

· 식사량을 조절하지 못하고 식사 시간이 불규칙적이며 식습관이 눈에 띄게 달라졌다(예: 폭식과 굶기, 다이어트를 반복하며 간혹 음식을 토하기도 함).

· 최근 들어 체중이 부쩍 줄었음에도 여전히 살을 빼려고 노력한다.

· 갑자기 운동에 몰두하고 활동량이 부쩍 늘었다(예: 매일 조깅하는 거리가 점점 늘어남).

· 수시로 체중계에 올라가 몸무게를 확인하며 몇 그램만 늘어도 안절부절못한다.

· 이미 몸이 많이 말랐는데도 뚱뚱하고 보기 싫다고 생각한다.

우울증

· 극도로 의욕이 없고 무기력하다.

· 깊은 생각에 빠져 있고 늘 침울해 보이며 예전에 좋아하던 것에서도 더 이상 즐거움을 느끼지 못한다.

· 기존의 인간관계에 소홀해지고 친구들도 만나지 않는다.

· 평소 좋아하고 열심히 하던 취미나 여가생활을 갑자기 그만둔다.

· 식욕 감퇴, 집중력 장애, 주의력 장애, 불면증 같은 증상이 나타난다.
· 갑자기 이상할 정도로 죽음이라는 주제에 심취한다.

알코올 · 약물 남용

· 이전까지 친하던 친구들과 멀어지고 갑자기 전혀 다른 친구들과 가까이 지낸다.
· 예전의 성실한 모습이 사라졌다.
· 자주 피곤해하고 아픈 날이 많아졌다.
· 눈에 띄게 불안하고 초조해하거나 이유 없이 공격적인 모습을 보이기도 한다.
· 필름이 끊긴 것처럼 전날 저녁에 어떻게 귀가했는지 기억하지 못한다.
· 성적이 떨어지거나 무단으로 결석하는 날이 늘어난다.
· 가족의 돈과 물건을 훔치거나 상점 등에서 절도를 저지른다.

청소년 응급 상담 기관

· 대부분 청소년 상담 복지 센터에서 심리 문제와 정서 문제를 비롯한 각종 위기를 겪는 청소년들을 위해 전화, 온라인, 게시판 등을 이용한 상담 서비스 및 지역사회 내 청소년 관련 자원을 연계한 맞춤 서비스를 제공하고 있다. 한국의 경우 전국 시도군구에 약 240여 곳의 센터가 설치되어 있으며, 자세한 정보와 연락처는 각 지역의 청소년복지센터 홈페이지를 참고하기를 바란다.
· 다양한 사설 청소년 상담 센터 및 심리 상담 센터의 전화 상담 또는 온라인 상담 서비스로도 섭식장애, 우울증, 알코올, 마약 문제에 관

해 상담할 수 있다.

산부인과가 궁금한 10대 소녀들

첫 산부인과 검진 시기

아직 어린 딸에게 산부인과 검진은 왠지 두렵게만 느껴질 것이다. 모르는 사람 앞에서 옷을 벗고 심지어 그가 몸을 만지도록 내버려두어야 하니 거북함은 자연스러운 감정이다. 검진이 아플까봐 걱정도 된다. 사실 성인 여성도 산부인과 방문은 꺼려지니 소녀들의 심정이 이해가 가고도 남는다. 산부인과 전문의인 나에게는 안타까운 일이 아닐 수 없다.

나는 한 명의 산부인과 의사와 긴 시간 동안 신뢰 관계를 쌓는 일이 매우 중요하다고 생각한다. 운이 좋다면 오랜 시간 함께 할 수도 있기 때문이다. 여성들에게 산부인과 의사는 평생 피하려야 피할 수 없는 존재이자 삶의 중요한 순간마다 동반자가 되어 주는 사람이다. 누군가와의 첫 신체 접촉을 경험하는 시기에도, 세월이 흘러 자녀 계획을 세울 때도, 임신 기간과 출산의 순간에도, 또다시 세월이 흘러 갱년기 증상이 찾아올 무렵에도 산부인과 의사는 여성들의 곁을 지킨다. 그 밖에도 암 정기 검진, 월경과 관련된 각종 문제, 적절한 피임법 문의, 감염, 유방 통증 등 산부인과를 찾을 일은 수없이 많다. 이것이 산부인과 주치의를 선택하는 데 신중해야 하는 이유다. 그러니 딸의 담당 의사는 딸 스스로 정하게 하자. 부모가 판단하기에 좋은 의사는 소용없다. 딸이 정기적으로 만나야 할 의사는 딸이 정해야 한다. 물론 부모가 추천할 수도 있지만 딸은 친구들에게 물어보거나 인터넷을 검색하는 쪽을 선호할지도 모른다. 한번 가 보고 자신과 잘 맞지 않는다고 느끼면 병원을 바꿔도 상관없다.

딸이 있는 모든 부모에게 반드시 당부하고 싶은 것이 있다. 긴급하게 산부인과 진료가 필요한 순간까지, 다시 말해 딸이 월경 문제로 고통을 겪거나 피임약이 필요해질 때까지 산부인과 방문을 미루지 말라. 딸에게 초경이 시작되면 바로 산부인과 전문의를 물색해 초진을 받아볼 것을 권한다. 병원을 알아두면 딸에게 실제로 어떤 문제가 생겼을 때 허둥대지 않고 곧장 찾아갈 수 있기 때문이다.

첫 검진을 받을 때는 부모가 동행해도 된다. 하지만 굳이 진료실까지 따라 들어갈 필요는 없다. 혼자 들어갈지, 부모가 함께 들어갈지 딸이 결정하게 하라. 엄마나 아빠는 대기실에서 기다리고 있다가 필요할 때 들어가면 된다.

사실 초진은 의사와 안면을 트는 데 의의가 있다. 보통은 신체검사도 불필요하다. 이때 딸이 궁금해하는 것이 있다면 얼마든 물어봐도 된다. 집에서 미리 질문 목록을 작성해 가도 좋다.

첫 경험을 하기에 적절한 시기

진료실을 찾는 10대 소녀들은 종종 첫 성관계를 맺기에 적절한 시기가 언제인지 묻곤 한다. 그에 정해진 답이 있다면 얼마나 좋을까! 몇 살이 적기라고 딱 잘라 대답해 줄 수 있다면 좋겠지만 아쉽게도 그런 것은 없다. 대신에 나는 소녀들과 그 답을 찾으려 노력한다.

✓ TIP: 나는 첫 경험을 맺을 준비가 되었을까?

딸이 정말 첫 경험을 맺을 준비가 되어 있는지 부모가 쉽게 판단할 수 있도록 질문 목록을 준비했다. 딸이 부모의 조언을 필요로 한다면 함께 이 질문들을 살펴보아도 좋다.

· 일정 기간 사귀었고 함께 첫 경험을 하고 싶은 남자친구가 있는가? 이 경우, 양쪽 모두가 첫 경험을 희망하고 있는가?
· 아직 남자친구라고 할 수는 없지만 첫 경험을 하고 싶은 소년이 있는가? 그렇다면 꼭 그 소년이어야 하는 이유와 지금 경험하고 싶은 이유는 무엇인가?
· 남자친구 또는 해당 상대방과 그에 관해 대화해 보았는가?
· 첫 경험 장소를 생각해 두었는가?
· 피임에 관해 생각해 보았는가? 이미 피임 기구를 사용하고 있는가? 어떤 피임법을 쓸 것인지 상대방과 상의했는가?
· 친한 친구 중에 이미 성 경험이 있는 친구가 있는가? 친구들이 그에 관해 자주 이야기하는가?
· 자기 몸을 좋아하는가? 자기 몸에 대해 잘 알고 신뢰를 품고 있는가?

이런 질문들이 필요한 이유가 무엇일까? 내가 지난 수년 동안 활용해 온 이 질문들은 첫 경험을 향한 소녀들의 바람과 그 이유를 정확히 파악하는 데 큰 도움이 되었다. 이 질문들에 대한 답을 고민하는 과정에서 소녀들은 첫 경험을 하려는 이유가 그저 상대방이 원하기 때문이거나 이미 첫 경험을 해 본 또래의 무리에 끼고 싶어서임을 깨닫기도 한다. 나 역시 이런 질문을 던짐으로써 소녀들이 안전한 피임법에 대해 깊이 생각해 보지 않았음은 물론 상대방과 피임에 관해 상의한 적도 없음을 알게 되기도 했다. 이때 나는 즉시 제동을 걸고 내가 염려하는 바를 이야기해 준 뒤, 책임감 있게 첫 경험을 계획하고(이때 피임은 필수다!) 그 적기가 언제인지 결정하는 일은 오롯이 당사자의 몫이라고 힘주어 당부한다. 그러면 대부분은 자신이 아무런 준비도 되어 있지 않음을 깨닫고 조금 더 기다리는 편을 선택한다.

물론 개중에는 이 문제에 관해 꼼꼼히 알아보고 남자친구나 첫 경험 파트너와도 충분히 대화를 나누었으며 안전한 피임법도 이미 사용하고 있거나 신체적으로 준비가 되었다고 말하는 소녀들도 있다. 이 소녀들에게는 질문이 있거나 문제가 생겼을 때 언제든 찾아와도 된다고 한 번 더 이야기해 준다. 의사뿐 아니라 부모들 또한 딸에게 이렇게 당부해야 한다.

중요한 점이 하나 더 있다. 사람들은 요즘 청소년들이 점점 더 이른 나이에 첫 경험을 한다고 생각하지만, 이는 큰 오산이다. 독일 연방 보건 교육센터가 시행한 「2015년 청소년 성에 관한 연구Studie Jugendsexualität 2015」에 따르면 14세 이하의 소녀 중 성 경험이 있는 비율은 5퍼센트로 매우 낮게 나타났으며, 최근 수년 동안 그 수는 점점 줄어들고 있다.

여성들을 위한 피임법

이제 딸이 본격적으로 피임법을 배워야 할 때가 되었다. 부모에게는 딸의 인생에 참으로 큰 전환점처럼 느껴질 것이다. 딸이 벌써 성에 관해 고민할 때가 되었거나, 이미 첫 경험을 해 보았다는 의미이기 때문이다. 딸이 이미 신뢰할 만한 산부인과 전문의를 찾았다면 준비는 충분하다. 이제는 이 새로운 세계에 첫걸음을 들여놓는 딸을 부모가 적극적으로 도와주어야 할지, 혹은 혼자 알아서 하도록 내버려둘지 결정해야 할 때다.

적합한 피임법을 찾기 위해서는 딸이 자신의 건강 상태를 잘 파악하고 자기 자신이나 가족 내에 어떤 위험 요인이 있는지 알고 있어야 한다.

사람에게는 저마다 맞는 피임법이 따로 있기 때문이다.

✓ TIP: 피임법에 관한 질문들

딸이 피임 상담을 위해 산부인과에 갈 때 부모가 동행하기를 원치 않는다면 부모와 함께 다음 질문들에 대한 답을 미리 작성하게 하자.

· 마지막 월경일은 언제였나?
· 월경이 규칙적인가?
· 생리통이 심한가?
· 월경량이 많은가?
· 키와 체중은?
· 평소 앓고 있는 질환이 있는가?
· 복용하는 약이 있는가?
· 두통이 잦은가? 그렇다면 이에 구역질, 구토, 일시적인 시력장애 등(편두통 증상)이 동반되는가?
· 구토나 설사가 잦은 편인가?
· 흡연을 하는가?
· 하루 일과가 규칙적인가?
· 건망증이 심한 편인가, 아니면 무엇이든 잘 기억하는가?
· 암 가족력이 있는가?
· 가족 내에 혈전 발생률이 높은 혈액응고장애(혈전증, 색전증 등), 혈액순환장애, 지방대사장애, 당뇨병 내력이 있는가?

이 질문에 대한 답을 작성해서 가져가면 산부인과 의사는 딸에게 적합한 피임법과 부적합한 피임법이 무엇인지 한눈에 파악할 수 있다.

다음은 각종 피임 기구에 관한 간략한 소개다. 병원에 가기 전에 이를 딸과 함께 살펴보면 좋다. 그러면 딸도 대략 어떤 피임법이 있는지 파악하고 궁금한 것을 메모해 둘 수 있으며 어떤 피임법을 시도해 보고 싶은지 미리 생각해볼 수도 있다.

펄 지수Pearl Index

피임과 관련해 종종 듣게 되는 펄 지수는 각 피임법의 안전성을 수치로 나타낸 것이다. 특정 피임법을 사용한 100명의 여성 중 1년 동안 임신한 여성의 숫자가 펄 지수다. 숫자가 작을수록 해당 피임법이 효과적이라는 뜻이다. 예컨대 콘돔의 펄 지수는 2 이상으로 펄 지수가 0.9 이하인 경구피임약보다 덜 안전하다.

콘돔

콘돔은 보통 정액이 통과하지 못하는 라텍스나 기타 합성 물질로 만들어진다. 콘돔을 이용한 피임법은 이른바 행동 의존 피임법에 속한다. 사용자가 해당 피임법에 익숙한가, 사용법이 올바른가에 따라 효과가 달라진다는 의미다. 따라서 펄 지수의 편차도 비교적 크다.

펄 지수: 2~12

장점: 피임 효과와 더불어 성병을 예방하는 효과도 있다.

단점: 콘돔 사용에 익숙하지 않다면 피임 효과가 떨어지므로 콘돔에만 의존해 피임할 경우 실패할 위험이 있다.

경구피임약

경구피임약은 호르몬 피임법에 속한다. 약의 호르몬 성분이 배란 및 자궁 내막 형성을 억제해 월경주기에 관여하여 임신을 막는다. 경구피임약과 원리가 동일한 피임용 질링, 피임 패치 등도 호르몬 피임법에 속한다.

경구피임약을 비롯해 모든 호르몬 피임법은 두통, 구역질, 구토, 현기증, 감정 기복, 체중 변화 등의 부작용이 있다. 특히 사용 초기에 부작용이 심하게 나타나므로 몸이 호르몬 변화에 익숙해질 때까지 최소 3개월은 기다려 보기를 권장한다. 대부분 몇 주 후에 증상이 사라지기 때문이다.

복합 경구피임약(저용량 경구피임약)

통상 경구피임약이라고 불리는 약은 정확히 말하면 복합 경구피임약이다. 이 약에는 에스트로겐과 프로게스테론이라는 두 가지 호르몬이 함유되어 있다. 일반적인 복용법은 21일간 약을 복용한 뒤 7일간 휴약하는데, 이 7일 사이에 월경을 하게 된다. 21일 동안 유효성분이 든 약을 복용하고 7일간은 유효성분이 빠진 약(위약)을 복용하도록 제조된 제품도 있다. 이런 제품은 날짜에 신경 쓸 필요 없이 매일 한 알을 복용하면 되므로 한층 편리하다.

펄 지수: 0.1~0.9

장점: 복용 시간을 잘 지킬 경우 피임 효과가 매우 크고 월경주기가 일정하게 잡히며 과다월경과 생리통도 완화된다. 피부와 머릿결이 좋아지기도 한다.

단점: 부작용이 생길 수 있으며 혈전 생성, 혈전증, 색전증 발생률이 높은 혈액응고장애 등의 가족력, 지각장애를 동반한 편두통 등 특정 위험인자가 있는 여성에게는 부적합하다.

프로게스틴 경구피임약

이 피임약은 에스트로겐 없이 프로게스틴 성분만 함유되어 있는 단일제제다. 특정 위험인자로 인해 복합제제를 복용할 수 없는 여성 및 모유 수유 중인 여성들에게 특히 적합하다. 이 제제는 중간 휴지기 없이 28일 동안 매일 복용해야 한다. 최근에는 매일 복용 시간을 정확히 지킬 필요 없이 대략 12시간 이내에 유연하게 복용할 수 있는 프로게스틴 단일제제가 출시되었다.

펄 지수: 0.5

장점: 혈전이 발생할 위험이 낮고 생리량과 생리통이 줄어든다.

단점: 부작용이 생길 수 있다. 특히 초기에 부정 출혈이 발생하는 경우가 많고 피부가 거칠어지기도 한다.

경구피임약 복용법

경구피임약은 복용법만 철저히 지키면 매우 확실한 피임 수단이다. 딸이 피임 목적으로 경구피임약을 복용한다면 이 사실을 재차 상기시켜 주어야 한다. 중요한 주의 사항은 다음과 같다.

- 이전에 호르몬 피임법을 사용한 적이 없다면 월경이 시작된 첫날부터 복용을 시작해야 한다.
- 매일 일정한 시간에 복용해야 한다. 만일 복용 시간을 놓쳤다면 이후 열두 시간 이내에 복용해야 한다. 가령 매일 저녁 아홉 시경 잠자리에 들기 전에 약을 복용하던 여성이 이를 깜빡 잊었다면 다음 날

아침 아홉 시 이전까지는 다음 약을 먹어야 한다. 그때까지는 피임 효과가 지속된다. 그러나 다음 날 아침에도 잊어버렸다면 피임 효과가 이미 떨어졌다고 보아야 한다. 그러나 빠뜨린 약은 이후에라도 복용해야 하고 다음 날부터는 다시 평소대로 계속 복용해야 한다. 다만 이때는 7일 동안 콘돔 등의 추가 피임 기구를 사용해야 한다.

· 피임약을 복용한 뒤 네 시간 이내에 구토나 설사를 했다면 호르몬 성분이 충분히 흡수되지 않았을 가능성이 있으므로 추가로 1정을 더 복용한다.

· 피임약 복용 중에 항생제를 쓸 경우 약효가 떨어지면서 피임 효과도 낮아질 수 있다. 따라서 항생제를 처방받을 때는 해당 약이 경구 피임약의 약효에 영향을 주는지 의사에게 문의해야 한다. 그 밖에도 경구피임약과 상호작용을 하는 약들이 있으므로 필요할 경우 산부인과에 문의해야 한다.

✓ TIP: 여분의 피임약 구비하기

피임약 한 알을 잃어버리거나 구토, 설사 등으로 인해 추가 복용을 하게 되면 약이 부족해진다. 이런 경우에는 나머지 약의 개수가 맞지 않으므로 여분의 피임약 한 통을 항상 구비해 두는 것이 좋다.

피임용 질링

부드러운 소재의 호르몬 링을 3주 동안 질 내에 삽입해 두었다가 1주일의 휴지기를 갖는 피임법이다. 이때도 휴지기에 월경을 하게 된다. 피임용 질링에는 에스트로겐과 프로게스틴이 함유되어 있다.

펄 지수: 0.65

장점: 날마다 약을 먹을 필요가 없으며 설사나 구토를 해도 효과가 유지된다. 월경주기가 규칙적으로 잡히고 생리량과 생리통이 줄어든다.

단점: 부작용이 생길 수 있으며 혈전 생성, 혈전증, 색전증 발생률이 높은 혈액응고장애 등의 가족력, 지각장애를 동반한 편두통 등 특정 위험인자가 있는 여성에게는 부적합하다.

호르몬 패치

에스트로겐과 프로게스틴이 함유된 호르몬 패치를 팔의 상단이나 엉덩이, 배 등에 부착한 뒤 1주일마다 교체한다. 3주 동안 세 개를 사용하고 일주일의 휴지기를 갖는다.

펄 지수: 0.9

장점: 날마다 약을 먹을 필요가 없으며 설사나 구토를 해도 효과가 유지된다. 월경주기가 규칙적으로 잡히고 생리량과 생리통이 줄어든다.

단점: 붙였던 패치가 떨어지기도 하고 부작용이 생길 수 있다. 혈전 생성, 혈전증, 색전증 발생률이 높은 혈액응고장애 등의 가족력, 지각장애를 동반한 편두통 등 특정 위험인자가 있는 여성에게는 부적합하다.

임플라논

임플라논은 부드러운 막대형의 기구로, 이를 3년 기한으로 피부 밑에 이식한다. 에스트로겐이 함유되어 있지 않은 프로게스틴 단일성분의 피임 기구다.

펄 지수: 0.05

장점: 매일 피임제를 복용할 필요가 없어 편리하며, 구토나 설사를 해도 영향을 받지 않고 효과가 유지된다. 위험인자가 있는 여성들도 이식받을 수 있다. 생리량과 생리통도 완화된다.

단점: 부작용이 생겼을 때 경구피임약처럼 즉시 사용을 중단할 수 없고 병원을 찾아가 제거해야 한다. 초기에 부정 출혈이 생기는 경우가 많다.

자궁 내 장치와 피임주사

자궁 내 장치(루프)

안타깝게도 루프가 출산 경험이 있는 여성에게만 적합하다고 오해하는 사람들이 많다. 물론 10대 소녀들에게 굳이 루프를 시술할 필요는 없지만, 그렇다고 해서 이 피임법을 완전히 배제할 이유는 없다. 요즘에는 기존의 구리 루프 외에 지속적으로 프로게스틴을 방출하는 호르몬 루프도 사용된다. 루프는 한번 삽입하면 통상 3~5년 정도 유지할 수 있다. 딸이 이 피임법에 관심을 보인다면 주저하지 말고 산부인과에서 상담해 보라.

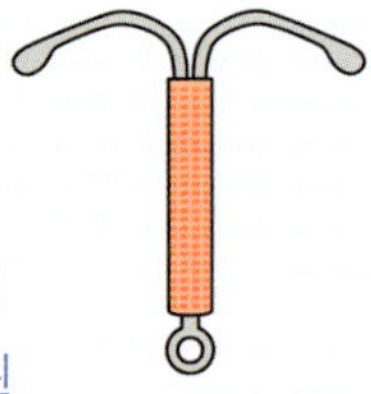

피임주사

피임주사는 청소년에게 적합하지 않다. 각종 연구에서 이 주사가 골밀도를 낮출 수 있다는 결과가 나왔기 때문이다. 따라서 청소년에게는 위험과 효용을 신중히 고려한 뒤 극히 예외적인 경우에만 이 피임법을 적용해야 한다.

응급피임법: 사후피임약

예기치 못한 피임 사고가 발생하면 10대 소녀들은 그야말로 눈앞이 캄캄해진다. 그러나 이런 사고는 심심찮게 벌어진다. 콘돔에 문제가 생길 때도 있고 흥분한 나머지 아예 콘돔 없이 일을 치르기도 하며 피임약을 깜빡 잊고 건너뛰거나 너무 늦게 복용하는 경우도 있다. 어쨌거나 남는 것은 10대 소녀가 감당하기 어려운 근심과 커다란 두려움뿐이다.

당부하건대 딸이 이런 이야기를 털어놓는다 해서 평정심을 잃어서는 안 된다. 결코 어떤 비난도 해서는 안 된다. 지금은 아이와 차분히 상의해 당면한 문제를 해결하는 일이 우선이다. 궁지에 몰린 딸이 부모에게 도움을 청한다는 것은 정말 바람직한 신호다. 딸이 부모를 그만큼 신뢰하며 부모와 좋은 관계를 맺고 있다는 증거이기 때문이다.

그러면 이 문제는 어떻게 해결해야 할까? 응급피임법이 필요할 때 쓰는 사후피임약이라는 게 있다. 한국에서는 반드시 의사의 처방이 있어야만 구입할 수 있다.

딸이 불가피하게 사후피임약을 복용하게 되었다면 이를 계기로 딸과 다시 한번 피임에 관해 진지한 이야기를 나누어라. 대화의 목적은 딸을 야단치는 것이 아니다. 사후피임약을 먹게 된 원인이 무엇이었는지 스스로 고민해 보고 앞으로 피임에 더욱 신경 쓰도록 당부하는 데 있다. 딸이 남자친구와의 관계에서 콘돔에만 의존해 왔다면 이 기회에 딸과 상의해 보다 안전한 피임법을 사용하게 하는 것이 좋다. 딸이 매일 약 먹는 시간을 지키기 어렵다고 판단되면 호르몬 패치나 피임용 질링이 더 나은 방법일 수 있다. 대안은 충분하다. 처음 시도해 본 피임 기구가 딸에게 적합하지 않거나 미흡한 것으로 판명 나더라도 걱정할 필요는 없다. 이 또한 부모와 딸이 함께 나아가며 겪는 자연스러운 성장 과정의 일부이기 때문이다.

사후피임약

현재 유통되고 있는 사후피임약은 성분에 따라 레보노르게스트렐과 울리프리스탈로 나뉜다. 레보노르게스트렐 성분의 사후피임약은 성관계 후 72시간(3일) 이내, 울리프리스탈은 120시간(5일) 이내에 복용해야 한다. 일찍 복용할수록 임신이 되지 않을 확률도 높아진다.
두 성분 모두 난자의 배란 및 수정을 방해하는 작용을 한다. 이로써 자궁 내막 형성과 정자의 활동도 억제된다. 사후피임약으로 인한 주요 부작용에는 일반적인 피로감, 두통, 구역질이나 구토, 부정 출혈, 월경 지연 등이 있다.

방광염

방광염은 잊을 만하면 찾아와 어린 소녀들을 괴롭힌다. 방광염에 걸리면 수시로 화장실로 뛰어가게 되고 소변을 볼 때마다 심한 통증에 시달리며 몸이 몹시 아픈 것처럼 느껴질 때도 있다. 방광염에 걸리면 어른들은 "그러니까 옷을 따뜻하게 입고 다니고, 차가운 바닥에 앉지 말고 물을 많이 마시라고 했잖니."라고 이야기한다. 그러나 이를 아무리 잘 지켜도 방광염을 완전히 피해 가기에는 역부족이다. 그 원인이 무엇일까?

실제로도 그렇게 충고하는 데는 이유가 있다. 옷을 따뜻하게 입지 않거나 차가운 바닥에 자주 앉아 있으면 골반에도 찬 기운이 든다. 냉기는 혈관을 수축시키고 점막의 혈액순환을 저해함으로써 병원체에 대한 저항력을 낮춘다. 또한 물을 충분히 마시면 소변을 통해 이물질이 씻겨 내려가면서 요도가 깨끗하게 유지된다. 그러나 10대 소녀들이 유독 방광염에 잘 걸리는 이유는 바로 호르몬 변화 때문이기도 하다. 이는 질 유산균과 요도 입구의 자연스러운 균형을 깨뜨려 병원균에 쉽게 감염되게 만든다. 특히 여성은 요도가 짧아 세균이 요도를 타고 쉽게 방광까지 침투해 방광 내에서 증식하므로 딸에게 괴로움을 안긴다. 대개는 시간이 흘러 호르몬 분비가 안정되면서 방광염에 걸리는 횟수가 줄어든다.

방광염에 걸렸을 때의 응급처치법

세균감염에 의한 방광염은 대부분 항생제로 해결할 수 있다. 딸이 소변을 볼 때 통증을 느끼거나 수시로 화장실에 간다면 즉시 병원에 가서 소변검사를 받아야 한다. 약국에서도 소변검사 키트를 구입할 수 있다. 방광염에 걸리면 소변에서 검출된 염증세포(백혈구), 혈액세포(적혈구), 세균에서 분해된 부산물 등이 검사지에 표시된다. 따라서 소변검사 키트를 구비해 두면 집에서도 간편하게 방광염 감염 여부를 확인하고 병원에 가야 할지 바로 판단할 수 있다. 방광염을 방치하면 신장으로 세균이 퍼져 급성 신우신염으로 발전할 위험이 있으므로 광범위한 조기 치료가 매우 중요하다.

방광염에 수반되는 통증은 보온팩 등으로 몸을 따뜻하게 하면 완화시킬 수 있다. 혹은 경련을 완화시키는 진통제를 처방받아 복용할 수 있다.

방광염이 자주 재발한다면 소변 미생물 검사를 통해 세균의 종류를 식별한 뒤에 최적의 항생제를 처방받아야 한다. 특정 성분에 내성이 있는 세균이라면 일부 항생제가 약효를 발휘하지 못할 수 있기 때문이다. 딸에게 성 경험이 있다면 산부인과에서 세포 검사를 받아 볼 필요도 있다. 클라미디아 감염증 등의 성병이 요도감염을 유발시킬 수 있기 때문이다.

방광염 예방법

옷 따뜻하게 입기, 찬 바닥에 앉지 않기, 물 많이 마시기 등 고전적인 방광염 예방법은 기본 중에서도 기본이므로 수시로 딸에게 주지시켜라. 그 외에도 다음과 같은 예방법을 참고해도 좋다.

크랜베리 섭취

크랜베리는 소변의 산도를 낮추고 항균 작용을 함으로써 세균이 방광 점막에 달라붙지 못하게 한다. 생과로 먹거나 차, 주스, 캡슐 등 다양한 형태로 섭취할 수 있다.

무향 세정제 사용

향료가 첨가된 세정제는 질과 요도를 보호하는 자연 유산균의 증식을 크게 저해한다. 그러므로 방광염에 자주 걸리는 청소년들은 향이 마음에 들지 않더라도 중성 세정제를 쓰는 것이 좋다.

올바른 뒤처리에 유의

방광염을 유발시키는 세균의 대부분은 대장균이다. 따라서 용변을 본 후 뒤처리를 할 때는 반드시 앞쪽에서 뒤쪽으로 닦아야 한다. 그렇게 해야 항문 주변의 세균이 질에 침투할 위험이 적어진다.

성관계 직후 방광 비우기

성생활을 일찍 시작한 청소년에게는 성관계 후에 곧바로 화장실에 가서 방광을 비우라고 당부해 두어라. 방광염을 유발시킬 수 있는 세균을 곧바로 씻어 내기 위해서다.

✓ TIP: 만노스 설탕

D-만노스라고도 불린다. 각종 의학 연구를 통해 만노스를 하루 2그램씩 석 달 동안 섭취하면 방광염 재발률이 크게 떨어진다는 사실이 밝혀졌다. 심지어 예방효과는 항생제에 버금가는 데 비해 부작용은 훨씬 적은 것으로 알려져 있다.

질염

방광염만큼 사춘기 소녀들을 괴롭히는 것이 바로 질염이다. 질염은 극도의 고통을 유발하지만, 10대 소녀들은 이를 선뜻 부모에게 털어놓지 못하고 오랫동안 방치하는 경우가 많다. 그렇다고 소변을 볼 때 따갑지는 않은지, 음부가 가렵지는 않은지 수시로 물어 볼 것까지는 없고 몸에 이상이 느껴지면 바로 이야기하라고 가끔씩 상기시켜 주면 된다.

질염은 증상이 여러 가지다. 아마 딸 스스로도 질 분비물이 평소와는 다르다는 느낌을 받을 것이다. 분비물의 양이 늘어나고 색깔과 질감이 달라지거나 불쾌한 냄새가 날 수도 있다. 음부가 가려운 것도 질염 증상이다.

질염의 원인도 여러 가지다. 세균성 질염과 곰팡이성 질염이 가장 흔하고, 혼합감염도 종종 발생한다. 이런 종류의 질염은 성병이 아니므로 성 접촉이 전무한 청소년들도 걸리기 쉽다. 이때는 산부인과를 찾아가 질염의 종류를 확인해야 한다. 감염원을 정확히 식별하고 적절히 치료하기 위해 질 내 세포를 채취하는 세포 검사가 필요할 수도 있다.

질염을 창피해하는 소녀들

10대 소녀들은 질염을 창피하게 여기지만 그럴 필요가 없다. 질염은 여성이라면 누구나 한 번쯤은 겪는 흔한 질병이라고 이야기해 주면 딸도 크게 안심할 것이다. 질염은 위생 관리를 잘못해서 걸리는 질환도 아니고 성병은 더더욱 아니다.

다만 이미 성 경험이 있는 청소년이 세균성이든 곰팡이성이든 질염에 걸렸다면 당사자뿐 아니라 파트너도 반드시 함께 치료를 받아야 한다. 그렇게 하지 않으면 균이 계속 옮겨 다녀 질염이 재발할 위험이 있다. 아마도 딸은 질염에 걸렸다는 사실도 창피하고, 특히 남자친구에게 함께 치료를 받아야 한다고 알리기 민망해 이야기하기를 주저할 것이다. 이럴 때는 부모가 나서서 설득해야 한다.

호르몬 변화도 만성 질염의 원인일 수 있다. 호르몬 변화 때문에 질 내의 자연적인 보호 체계가 불안정해지면서 세균이 더 쉽고 빠르게 증식할 수 있기 때문이다. 그러나 대부분 호르몬 분비가 점차 안정되면서 감염 취약성도 호전되므로 걱정할 필요는 없다.

질염에 걸렸을 때의 응급처치법

세균과 곰팡이균 감염 모두 약물치료를 해야 한다. 세균감염에는 연고나 질정이 처방되는데 충분히 흡수되도록 자기 전에 사용하는 것이 바람직하다. 회복되기까지는 통상 5~7일이 소요된다. 곰팡이균 감염의 치료에는 항진균제가 쓰인다. 이때도 보통 질정이나 연고 형태의 항진균제가 처방되거나 두 가지가 동시에 쓰이기도 한다.

질염 예방법

지나친 위생은 독

대부분의 소녀는 음부에서 불쾌한 냄새가 날까 두려워 강한 향이 나는 샤워 젤이나 크림, 여성청결제 등을 사용한다. 그러나 이런 제품은 정상적인 질 유산균까지 파괴하므로 중성 세정제 등을 사용하도록 부모가 신경 써야 한다.

월경 시 적절한 위생 관리에 유의할 것

사춘기 딸들은 월경을 하는 동안 남에게 비위생적인 모습을 들키거나 생리혈이 새거나 불쾌한 냄새가 날까 봐 전전긍긍한다. 그래서 탐폰을 지나치게 자주 교체할 수도 있는데, 이는 질 내 환경을 건조하게 만들어 유산균을 파괴하고 감염에 취약하게 만드는 나쁜 습관이다. 반대로 월경 용품을 오랫동안 교체하지 않는 것 또한 감염의 원인이 된다.

양질의 속옷을 구비할 것

통풍이 잘 되지 않는 합성 섬유 속옷은 질 내 산성도를 낮추고 습하고 따뜻한 환경을 조성한다. 세균에게는 그야말로 천국인 셈이다. 딸을 위해 통풍이 잘 되는 면 소재의 속옷을 충분히 구비해 두자.

유산균 보충하기

딸에게 질염이 계속 재발한다면 주기적인 유산균 질정 주입도 질 내의 정상적인 산도를 유지하는 데 도움이 된다. 질 내에 서식하는 것과 같은 종류의 유산균이 함유된 이 질정은 전문의와의 상담을 통해 처방받을 수 있다.

근거 없는 민간요법: 요구르트 탐폰

언젠가부터 질 곰팡이균 퇴치에 요구르트 탐폰이 효과적이라는 소문이 떠돌고 있다. 결론부터 말하자면 전혀 효과가 없다. 그럼에도 많은 여성이 소문을 믿고 탐폰에 요구르트를 묻혀 사용한다. 요구르트에 함유된 유산균이 질 내 유산균 증식에 도움이 된다고 착각하는 탓이다. 그러나 요구르트의 유산균은 질 유산균과는 전혀 다르다. 그러니 질 유산균 증식에 도움이 될 리도, 곰팡이 퇴치 효과가 있을 리도 없다. 질염 치료는 커녕 요구르트에 든 효모로 인해 곰팡이균만 더 빠르게 증식할 가능성이 크다.

무설탕 식단을 맹신하지 말 것

곰팡이성 질염이 반복되면 설탕을 줄여야 한다는 주장은 오랫동안 정설처럼 받아들여져 왔다. 지금도 나는 딸의 식단에서 설탕을 완전히 배제하는 부모들을 종종 만나는데, 제발 그러지 말라고 말하고 싶다. 학술적 근거도 부실하고 지금까지 나온 결과들 또한 딱히 이 주장을 뒷받침해 주지 못한다. 물론 건강한 식생활은 삶의 기본이며 신체 전반에도 유익하다. 그러나 특정 식단을 강요하거나 단것을 완전히 배제할 필요는 없다.

혈액순환 장애와 기립성 저혈압

멀쩡하던 딸이 어느 날 갑자기 눈앞에서 픽 쓰러지면 부모는 가슴이 쿵 내려앉는다. 이런 일은 보통 아이가 침대에서 나올 때나 오랫동안 앉아 있다 갑자기 일어날 때 발생한다. 순식간에 얼굴이 창백해지며 무너지듯 주저앉거나 드러누워 버리기도 하고 간혹 완전히 의식을 잃어버리기도 한다. 구토가 나올 것처럼 속이 울렁거리기도 한다. 이런 모습을 보고 걱정하지 않을 부모가 어디 있으랴. 그러나 종종 어지럼증이나 눈앞이 핑 도는 느낌이 드는 것은 10대 소녀들에게 드문 일이 아니다. 15세 이하 청소년 중 약 20퍼센트가 실신한 경험이 있다고 한다. 특히 키가 크고 마른 소녀들에게 이런 일이 흔하다.

10대 소녀들은 혈압이 비교적 낮은 편이다. 자주 피로를 호소하거나 손발이 찬 것도 그 때문이다. 한참 동안 누워 있거나 앉아 있다가 갑자기 일어나면 다리로 피가 쏠리고 그로 인해 일시적으로 뇌를 비롯한 장기가 혈액을 충분히 공급받지 못한다. 그 결과 현기증이 유발되고 갑자기 눈앞이 캄캄해지거나 심하면 실신하기까지 하는 것이다. 곧바로 주저앉으면 다시금 혈액순환이 되면서 금세 증상이 나아진다. 혈액순환은 나이가 들면 점차 개선되니 걱정할 필요도 없다.

혈액순환에 도움이 되는 것

딸이 실신한 적이 있다면 한 번쯤 의사에게 진료를 받아 보아도 좋다. 건강에는 이상 없는 경우가 대부분이지만 혹시 다른 원인이 있을지도 모르기 때문이다. 딸의 혈액순환 장애 개선을 위해서는 다음과 같은 내용을 신경 써야 한다.

충분한 수분 섭취

성장기에는 충분한 수분 섭취가 매우 중요하다. 체내에 수분이 충분하면 혈액의 흐름이 원활해지기 때문에 혈압이 쉽게 떨어지지 않는다.

충분한 수면

잠이 부족하면 어지럼증이 악화되고 몸이 좋지 않다고 느낀다. 딸이 규칙적으로 충분한 수면을 취할 수 있도록 신경 써 주어라.

충분한 활동

신체활동과 운동은 저혈압에 최고의 특효약이다. 충분한 움직임은 혈액순환을 개선시키고 병에 잘 걸리지 않게 해준다. 청소년의 혈액순환 장애 개선에는 특히 지구력을 강화시키는 운동이 효과적이다.

수온 조절로 혈액순환 돕기

딸에게 샤워할 때 온수와 냉수를 번갈아 사용하라고 당부해 주어라. 냉온수 교차 샤워법은 혈액순환 개선에 특효약이다. 샤워를 마친 뒤 팔다리에 찬물을 끼얹으면 더욱 좋다. 혈액순환이 개선되어 하루를 상쾌하게 시작할 수 있을 것이다.

피부질환과 두피 유분

사춘기에는 머리를 감은 지 불과 몇 시간 만에 머리가 떡진 것처럼 보이는 일이 많다. 아무리 자주 감아도 머리에는 늘 기름기가 가득하다. 피부도 마찬가지다. 특히 콧잔등과 이마가 번들거리고 블랙헤드를 비롯한 각종 피부트러블 때문에 사춘기 소녀들은 거울을 볼 때마다 스트레스를 받는다. 여드름은 시도 때도 없이 난다. 심지어 악성 여드름으로 번진다면 고생은 이만저만이 아니다.

딸의 피부와 두피에 생기는 변화도 호르몬 변화에서 비롯되었다. 다만 이때는 여성호르몬이 아니라 남성호르몬이 원인이다. 소녀들에게서 왜 남성호르몬이 문제가 되는지 의아해 할 분들도 많을 텐데, 사춘기에는 10대 소녀들의 몸에서도 안드로겐이라 불리는 남성호르몬이 생성된다. 이는 전신에 지방산과 단백질, 왁스, 콜레스테롤 등으로 구성된 피지 생성을 촉진시킨다. 또한 손바닥과 발바닥을 제외한 온몸에 피지선이 형성되는데, 그중에서도 머리카락 뿌리 부분의 피지선이 유독 넓은 탓에 그만큼 피지 분비량도 많다. 얼굴에는 피지로 인해 모공이 막히면서 블랙헤드나 여드름이 생긴다.

두피 유분 제거하기

다음은 쉽고 빠르게 두피의 유분을 제거할 수 있는 방법이다.

적절한 샴푸 선택하기

10대 소녀들은 약간의 유분 제거 성분이 함유된 순한 샴푸를 사용하는 것이 좋다. 매일 머리를 감아도 상관없다. 머리를 자주 감으면 두피 유분이 심해진다고도 하지만 실제로 그렇다는 증거는 없다.

린스와 트리트먼트는 모발 끝부분에만 사용하기

각종 린스와 트리트먼트 광고를 보면 이런 제품을 두피와 머리카락 전체에 듬뿍 발라야 한다고 착각하기 쉽다. 그러나 두피에 유분이 많다면 가능한 린스나 트리트먼트가 두피에 닿지 않게 머리카락 끝부분에만 사용하는 것이 좋다. 딸에게도 이 사용법을 알려주자.

열기 피하기

머리를 감을 때는 너무 뜨거운 물보다 미지근한 온수를 사용하는 것이 좋다. 머리카락을 말릴 때도 헤어드라이어기의 온도를 적당하게 설정하라. 열기는 피지 생성을 촉진시켜 두피를 더욱 기름지게 만든다.

빗질의 횟수 줄이기

머리를 너무 자주 빗으면 두피 유분이 머리카락 전체로 분산된다. 딸에게 이 사실을 상기시켜 주어라. 잦은 빗질은 두피뿐 아니라 머리카락 전체에 기름이 낀 것처럼 보이게 만드는 원인이다.

✓ TIP: 지성 두피를 완화시키는 민간요법

· 사과식초와 레몬: 이 두 가지를 물로 희석시켜 두피 전체에 마사지하듯 펴 바르고 몇 분 뒤 미지근한 물로 헹궈낸다. 사과식초와 레몬은 모두 두피의 산성도를 조절하고 피지를 진정시키는 작용을 한다.

· 캐모마일: 캐모마일 티백 세 개를 500밀리리터의 물에 15분 정도 우려낸 뒤, 이 물을 두피 전체에 마사지하듯 펴 바르고 몇 분 뒤 헹궈낸다. 캐모마일 역시 피지 조절 작용을 한다.

사춘기 피부 관리법

딸이 심한 여드름으로 고생한다면 피부과에 가서 진료를 받아야 한다. 여드름 흉터가 남지 않도록 약물치료를 해야 할 수도 있기 때문이다. 일반적인 여드름에는 다음과 같은 피부 관리법을 추천한다.

순한 세정제 사용하기

시간이 걸리고 귀찮더라도 매일 저녁 무향의 약산성 세정제로 얼굴과 등, 가슴을 꼼꼼히 씻어야 한다. 이후 순한 클렌징폼 등으로 한 번 더 세안하면 더욱 도움이 된다. 피부는 건조해지지 않게 주의하자.

수분 보충하기

10대 소녀들은 유분기가 많은 크림 대신 수분 크림을 사용하면 좋다.

얼굴에 손대지 말기

사춘기 소녀들은 피부에 문제가 생기면 신경이 쓰여 얼굴을 만지작거린다. 그러나 손에는 세균이 많기 때문에 피부트러블을 자주 만지면 염증이 생길 수 있으므로 주의해야 한다.

여드름 짜기는 금물

아무리 하지 말라고 해도 아이들은 여드름을 그냥 두지 못한다. 그러나 염증이 유발되고 흉터가 남을 수도 있으니 피지나 여드름을 억지로 짜는 것은 금물이다. 화장솜에 항균 효과로 염증을 방지하는 티트리 오일을 소량 적신 뒤 여드름이 난 부위에 살짝 두드리면 도움이 된다.

전문가와 상담할 것

피부트러블을 방치하면 심한 여드름 피부가 될 수 있다. 조기에 피부과를 찾아가 상담한 뒤 피지와 여드름을 안전하게 제거하거나 모공 세척을 받아도 좋다.

이른 화장은 피부의 독

10대 소녀들은 피부트러블을 감추려 화장하기도 한다. 하지만 이는 피부에 독이 될 뿐이다. 화장품으로 인해 모공이 더 막히기 때문이다. 부득이한 경우 여드름 피부에 맞는 특수제품을 사용해야 한다. 가격은 비싸도 그만큼 투자할 가치가 있다. 여드름존을 살짝 가리기만 해도 딸의 자신감이 한층 상승하기 때문이다. 사춘기 때는 복합성 피부나 민감성 피부용 화장품을 구입하도록 하자. 모공을 막지 않는 여드름성 피부 화장품이면 더욱 좋다. 그밖에 자잘한 여드름을 가리고 싶다면 항균 성분이 들어 있는 컨실러를 사용할 수 있다.

당분을 제한하라

건강에 해로운 식품, 특히 당분이 많이 든 식품은 피부트러블을 악화시킨다고 딸에게 알려주자. 물론 이따금 단것을 먹는 것은 괜찮지만 지나친 당분 섭취는 피지 생성을 촉진시키므로 삼가야 한다.

✓ TIP: 스팀 마사지와 천연팩

스팀 마사지는 모공을 열어주는 효과가 있다. 딸과 함께 스팀 마사지를 한 뒤 천연재료로 만든 팩을 사용해 보라. 차게 식힌 캐모마일 차를 황토 가루와 섞으면 훌륭한 천연팩이 된다.

성병에 관한 모든 것

사람들은 대개 피임의 1차적 목적이 임신을 방지하는 데 있다고 생각한다. 물론 청소년들에게 피임에 관해 충분히 설명해 주는 것도 매우 중요하지만, 산부인과 전문의 입장에서는 성병에 관한 교육도 그에 못지않게 중요하다고 생각한다. 경구피임약, 루프, 피임용 질링 등 피임법의 종류는 다양하지만, 그중 어떤 것도 인간면역결핍 바이러스, 즉 HIV나 클라미디아, 인유두종 바이러스, 즉 HPV 같은 성병으로부터 딸을 지켜주지는 못한다.

물론 사춘기 딸에게는 부모와 성병에 관해 대화하는 일이 썩 내키지 않을 수 있다. 부모 역시 미생물이나 바이러스 관련 전문용어까지 들먹이며 성매개감염병에 관해 장황하게 설명할 필요는 없다. 그보다는 딸의 관심을 환기시키고 열린 자세로 대화를 나누며 딸의 물음에 아는 만큼 대답해 주는 일이 중요하다. 딸이 정확한 정보를 필요로 할 때 혼자서, 혹은 부모와 함께 찾아가 상담할 수 있도록 신뢰할 만한 산부인과 전문의를 찾아보아도 좋다.

성병에 관한 기초상식

다음 세 가지는 부모와 딸 모두가 반드시 기억하고 있어야 한다.

1. 피임법이 성병까지 막아 주지는 못한다.
2. 본인에게서든 파트너에게서든 성병은 항상 눈으로 판별할 수 있는 것이 아니다.
3. 파트너와 함께 성병 검사를 받는 것은 수치스러운 일이 아니라 오히려 칭찬받을 만한 일이다.

인간면역결핍 바이러스/후천성면역결핍증

수 년 전까지만 해도 HIV와 후천성면역결핍증, 즉 에이즈에 대한 대중의 경각심은 높은 편이었다. 그러나 최근에는 이 위험한 감염병은 다소 사람들의 관심 밖으로 밀려난 것처럼 보인다. 다행스럽게도 완치까지는 아니더라도 최소한 병의 진행을 늦춰주는 일련의 치료법이 개발되었기 때문일 수도 있다. 그럼에도 이 인간면역결핍 바이러스는 독일에서만 매년 약 2천 여명의 신규 감염자가 발생하고 있다.*

감염 경로

이 바이러스는 감염된 혈액제제, 피임 기구를 사용하지 않은 성 접촉(정액, 질 점막, 월경혈, 대장 점막 등), 오염된 주사기의 공동 사용(마약용 주사기 재사용 등)을 통해 전파된다. 그러나 입맞춤이나 악수, 화장실 공동 사용 등으로 인해 감염될 위험은 없다.

예방법

성관계를 통한 감염을 막는 유일한 수단은 콘돔이다. 다른 피임 기구와 더불어 콘돔까지 사용하기를 원치 않는다면 반드시 파트너와 함께 의사를 찾아가 검사를 받아야 한다. 성생활을 일찍 시작했다면 청소년들도 예외는 아니다. 검사방법에 따라 감염 여부 확인까지 6~12주 정도가 소요된다는 사실은 잊지 말아야 한다.

* 2020년도 독일 로베르트 코흐 연구소 조사 기준.

HIV와 에이즈

HIV는 병의 원인이 되는 바이러스를 지칭한다. HIV 감염은 말 그대로 감염된 상태를 의미할 뿐, 이것이 곧 에이즈에 걸렸다는 뜻은 아니다. HIV는 아무 증상 없이 장기간 잠복하고 있는 경우가 많으며 검사를 통해 양성 판정을 받기 전까지는 확인되지 않는다. 에이즈는 HIV 감염을 치료하지 않고 방치했을 때 발생하는 면역결핍증을 가리킨다.

클라미디아 감염증

클라미디아 감염증은 전 세계에서 가장 흔히 발생하는 성병이다. 이 역시 감염 초기에는 아무런 증상이 없으나 병이 진행되면서 하복부 통증, 분비물, 질 부위의 가려움과 작열감, 배뇨통, 반복되는 방광염 등의 증상이 나타난다.

클라미디아 감염 검사

대부분의 불임은 클라미디아균 감염이 원인이다. 따라서 이미 성 경험이 있는 청소년들은 매년 산부인과에서 검사를 받는 것이 좋다. 우리나라는 검사를 희망하는 국민은 누구나 보건소에서 무료로 검사받을 수 있다.

감염 경로 및 예방법

클라미디아는 피임 기구 없이 성관계를 맺을 때 전염되므로 콘돔을 사용하면 감염을 예방할 수 있다. 파트너가 콘돔 사용을 원하지 않으면 클라미디아 감염 검사로 감염 여부를 확인해야 한다.

치료법

검사에서 감염 사실이 확인되면 항생제를 투여한다. 이때 감염이 반복되는 핑퐁 효과를 막기 위해 반드시 파트너도 함께 치료받아야 한다.

인유두종 바이러스

HPV도 주로 피임 기구 없는 성관계를 통해 전파된다. 그 종류도 최근까지 2백여 종 이상 발견되었다. 대다수의 여성들은 평생 한 번 이상 HPV에 감염되는데 대부분은 특별한 증상 없이 자연적으로 치유되기 때문에 90퍼센트 이상은 감염된 사실조차 알아차리지 못한다. 일부는 체내에 남아 있다가 암으로 발전하는데 이는 특히 자궁경부암의 원인이 된다. 또한 HPV 때문에 사타구니에 사마귀가 나기도 한다. 이는 암으로 발전하지 않으므로 해롭다고는 볼 수 없지만 당사자는 그로 인해 심한 스트레스와 고통을 겪는다. 콘돔을 사용하면 HPV 감염의 위험을 크게 낮출 수 있고, 2007년에는 일부 바이러스 종의 감염을 예방해 주는 백신도 도입되었다.

HPV백신의 필요성

이 백신에 회의를 품는 부모들도 많다. 자신이 어릴 땐 이런 백신이 없었는데 지금은 왜 필요한지, 굳이 맞아야 하는지 의아한 것이다. 물론 그 심정은 충분히 이해한다. 그럼에도 나는 딸에게 이 백신을 꼭 맞히라고 적극적으로 권하고 싶다. 백신이 모든 HPV의 감염을 예방해 주지는 않지만 종국에는 생명을 구하는 일과 연결되기 때문이다.

다만 백신을 접종했다고 더 이상의 산부인과 검진이 필요 없는 것은 아님을 딸에게 꼭 설명해 주어야 한다. 특히 자궁경부의 세포는 다른 요인에 의해 변형될 수도 있으므로 정기적인 세포 검사를 통해 자궁경부암 발병 유무를 꼭 확인해야 한다.

HPV백신

- 최근에는 HPV 9가 백신(가다실 9®, Gardasil 9®)이 새롭게 출시되었다. 이 백신은 암을 유발하는 HPV 7종 및 성기 주변에 사마귀를 유발하는 HPV 2종의 질환 예방에 도움을 준다.
- 독일 백신접종위원회Die ständige Impfkommission, STIKO는 9~14세 사이의 모든 남녀 청소년들에게 HPV백신 접종을 권장하고 있다. 접종을 받지 않은 15~17세 청소년들도 조속히 접종을 받는 것이 좋다.*
- HPV백신의 성분은 생백신이 아니기 때문에 대부분은 별다른 부작용이 발생하지 않는다. 2022년 기준 전 세계에서 5억 건 이상 접종되었으나 건강에 지속적인 영향을 미친 이상 반응이 보고된 경우는 극히 드물다.
- 국소 부위의 통증, 홍반, 접종 부위의 붓기, 그밖에 피로나 두통 등의 일반적인 증상이 부작용으로 나타날 수 있다.
- HPV는 주로 성관계를 통해 감염되므로 첫 성관계를 가지기 전에 예방접종을 완료하는 것이 좋다.

---

* 대한민국 질병관리청에서는 HPV 국가 예방 접종 지원사업을 통해 12~17세 여성 청소년을 대상으로 HPV 4가 접종을 지원한다.

성 접촉에 의한 감염병의 징후

임질과 생식기 헤르페스도 흔한 성병에 속한다. 그러나 10대 소녀들에게 굳이 성 접촉으로 감염되는 질병의 명칭과 증상, 치료법까지 속속들이 설명할 필요는 없기에 여기에서 이들에 관한 내용은 상세히 다루지는 않기로 한다. 다만 그 위험 징후에 대해서는 알고 있는 것이 좋다.

일반적인 위험 징후

다음과 같은 증상은 성병의 징후일 수 있으므로 항상 딸의 건강 상태에 주의를 기울이고 딸이 해당 증상을 호소한다면 반드시 산부인과 진료를 받게 하도록 하자.

· 하복부 통증
· (악취가 나는) 질 분비물
· 질 · 항문 부위의 가려움과 작열감
· 배뇨통
· 잦은 절박뇨
· 사타구니 부위의 여드름, 사마귀, 물집 등

아이들과 성병에 관해 대화할 때는 공포감을 유발시키거나 성관계가 건강을 해치고 목숨을 위협하는 행위라는 인식을 심어주지 않도록 주의해야 한다. 청소년들에게는 열린 마음가짐과 호기심을 품고 마음에 걸리는 바 없이 첫 경험을 누릴 권리가 있기 때문이다. 동시에 성이라는 새로운 삶의 영역에 들어설 때는 그에 상응하는 책임 또한 스스로 질 수 있어야 한다. 물론 부모도 한 걸음 뒤에서 항상 주의 깊게 지켜보아야 한다. 또한 딸과 터놓고 대화를 나누며 성병에 관해 유의할 점이 무엇인지 설명할 기회를 마련하라. 궁금한 것이 있으면 언제든 산부인과에 찾아가 문의할 수 있다는 사실도 상기시켜 주자.

맺는말

이제 부모와 딸이 함께 하는 사춘기 항해에 관한 이야기를 끝맺을 때가 왔다. 그러나 부모의 이야기는 아직 끝나지 않았다. 사춘기 딸과의 일상에서는 앞으로도 한동안 크고 작은 소란이 벌어지기 마련이므로 그럴 때 이 책이 작은 도움이나마 되어 주기를 바라는 마음이다.

사춘기가 힘든 이유는 무엇보다도 이 시기에 모든 것이 한꺼번에 변하기 때문이라고 생각한다. 변화가 일어나면서 익숙하던 일상도 크게 흔들린다. 이는 당사자인 딸과 부모 모두에게 두렵고 위협적으로 느껴지며 몸과 마음을 한없이 지치게 만든다.

부디 모든 부모와 딸들이 커다란 힘과 믿음, 희망, 무엇보다도 서로를 향한 애정을 잃지 않고 이 질풍노도의 시기, 변화의 시기를 극복하기를 바란다. 처음에는 한없이 막막하게만 느껴질 수도 있고 딸들이 부모에게서 점점 멀어지는 것처럼 보일 수도 있다. 그러나 부모와 딸은 여전히 수많은 나날을 함께 하며 엮어 온 강력하고도 영원불멸한, 보이지 않는 끈으로 연결되어 있다. 이따금 딸이 부모로부터 한없이 멀어질 때면 이 끈은 팽팽해지다 못해 끊어져 버릴 듯 위태롭게만 느껴질 것이다. 그러나 다음 순간에는 어느 틈엔가 딸이 부모 곁으로 바짝 다가와 끈이 느슨해질 수도 있다. 이 모든 일은 자연스러운 현상이며 부모와 딸의 건강한 발전에 필연적이고 중요한 과정이기도 하다.

부모와 딸이 각자 천차만별의 특징을 가진 개인인 만큼 양쪽의 관계가 발전하는 양상 또한 천차만별이다. 이 관계에서 옳고 그름이란 없으며 반드시 어떤 수단을 써서 극복해야 할 사춘기의 위기 같은 것도 존재하지 않는다. 각각의 소녀들은 이 시기를 나름의 방식으로 경험할 뿐이다. 어떤 소녀의 사춘기는 폭풍우 치듯 강렬하게, 어떤 소녀의 사춘기는 거의 눈에 띄지도 않게 조용히 지나간다. 또 어떤 부모에게는 딸의 사춘기가 힘들게만 느껴지고 다른 부모는 생각보다 별일 아니라고 느낀다.

부디 어떤 위기의 순간이 닥치더라도 딸에게서 애정 어린 시선을 거두지 않고 지켜줄 수 있기를 바란다. 지금은 출구가 안 보이는 터널처럼 느껴지겠지만 모든 사춘기는 언젠가 끝이 난다는 사실을 늘 상기해야 한다. 많은 사람들은 성인이 되고서야 자신의 삐딱했던 사춘기를 되돌아보며 그 시간이 자신 뿐 아니라 부모에게도 힘든 시간이었음을 깨닫는다. 불현듯 부모에게 감사의 편지, 혹은 사과의 편지라도 써야 할 것 같은 마음도 든다.

> 출산에 대비해 배웠던 호흡법이 아이가 자라 사춘기에 들어섰을 때 진정 필요하게 될 것임을 나는 까맣게 몰랐다.
>
> \- 익명의 누군가가 쓴 글

이 글은 사춘기를 더할 나위 없이 정확하게 묘사하지 않았나 생각한다. 딸들 때문에 웃을 일이 줄어들었다면 이 글이 조금은 마음의 위안이 될 것이다.

친애하는 부모님들이여, 한없이 막막해지는 순간에는 숨을 깊게 들이마시자. 이보다 더 효과적인 방법은 없다. 언젠가는 다 끝날 일이다. 출산의 순간을 떠올려 보라. 영원히 끝날 것 같지 않은 산고에 몸부림치며 더는 못 하겠다는 생각이 수없이 머릿속을 스치지 않았는가. 그 시간을 견뎌 새 생명을 탄생시켰듯 지금 이 시기를 견디고 나면 멋진 여성으로 거듭난 딸을 안심하고 세상으로 내보낼 수 있게 될 것이다.

부모 또한 혼자가 아님을 항상 기억하라. 남들 앞에서 입 밖에 내지 않는 것일 뿐, 사춘기 자녀를 키우며 겪는 고충은 여느 부모나 마찬가지다. 이 책의 집필을 준비하는 동안 나는 내 SNS 팔로워들에게 딸들의 사춘기 경험에 관해 물은 적이 있다. 이에 많은 부모들이 놀랍도록 비슷한 대답을 내놓았다. 그중 몇 가지를 소개하고자 한다.

딸의 사춘기를 겪으며 엄마, 아빠로서 어떤 점이 힘들었는가?

· 끝나지 않는 딸과의 다툼
· 엄마, 아빠의 갱년기와 딸의 사춘기가 겹쳤을 때
· 롤러코스터를 타듯 요동치는 감정 기복
· 예측하기도, 대비하기도 불가능한 감정의 폭발
· 논리적으로 설득하거나 딸의 마음을 읽어주려 노력해도 대화가 불가능할 때
· 극에서 극으로 치닫는 순간적인 기분의 변화
· 부모에게 철벽을 치는 딸의 태도
· 딸을 놓아주기가 너무나 어렵게 느껴질 때
· 딸이 뭐든 자신이 더 잘 안다는 듯 행동하며 부모의 조언이나 도움

을 받아들이지 않을 때
· 웃음이 사라진 딸을 볼 때
· 부모를 함부로 대하는 딸의 태도
· 딸이 갑자기 자신에게 이래라저래라 하지 말라며 맞설 때
· 날마다 또 어떤 일이 벌어질지 마음 졸이며 지내는 일
· 갑자기 서로 다른 언어를 쓰는 것처럼 소통이 불가능해진 일
· 준비되지 않은 상태에서 너무나 빨리 딸의 사춘기가 닥쳐왔다고 느낄 때
· 딸의 기복이 심해 엄마, 아빠가 지긋지긋하다고 말한 지 30초도 지나지 않아 세상에서 엄마, 아빠가 제일 좋다고 말할 때
· 걸핏하면 연락이 되지 않는 일
· 부모에게서 벗어나 자신이 원하는 대로 살고 싶어 하는 딸의 바람을 받아들이기 힘들 때
· 끊임없이 변덕을 부리고 감정이 순식간에 끓어오르며, 부모가 자신을 괴롭히려 든다고 여기는 딸의 태도
· 내 딸이지만 도무지 알 수 없다고 느껴질 때
· 아무리 해도 딸의 비위를 맞춰줄 수 없을 때
· 부모는 부모대로, 딸은 딸대로 서로가 걸핏하면 시비를 건다고 생각하는 것
· 무한한 사랑과 믿음을 품고 딸을 놓아주어야 하는 일을 배워야 하는 것
· 더 이상 딸이 마음의 상처를 받지 않도록 보호해 줄 수 없게 된 것
· 딸이 기댈 곳이 되어주는 동시에 자유롭게 놓아주는 일이 어렵게만

느껴질 때

하나하나 모두 공감이 가지 않는가? 사춘기 자녀가 있는 모든 부모는 모두 한배를 타고 있는 것과 다름없다. 서로를 격려하고 도와 가며 희망찬 마음으로 항해에 임한다면 폭풍우 속에서 거친 바다를 헤쳐 나아가는 일 또한 훨씬 쉽게 느껴진다. 때로는 여분의 구명조끼나 멀미약, 멀미봉투, 햇볕이나 비를 막을 도구를 서로 빌리거나 빌려주면서 말이다.

딸의 친구가 내게 인사 한마디, 상냥한 말 한마디 건네지 않는다 해도 가정교육이 잘못 받았다고 지레짐작하기보다는 마음속으로 아이의 부모에게 격려를 보내라. 아니면 티타임을 제안해 보는 것은 어떤가? 딸들에 관해 무언가를 의논할 목적이 아니라 그저 여유로운 시간을 함께 보내기 위해서 말이다. 친애하는 사춘기 부모들이여, 우리는 같은 처지에 있는 동지들이니 마음을 모으고 함께 뭉치자. 삶의 거의 모든 일이 그러하듯 고통은 나누면 반이 될 것이고 서로에게 힘을 북돋아 주는 것만큼 귀한 일은 없다.

감사의 말

감사의 말을 써 내려가는 일은 늘 특별한 즐거움입니다. 고마움을 전하는 일은 제게는 커다란 기쁨이지요. 우리는 날마다 서로에게 감사할 일들이 넘쳐 난다고 생각합니다. 고맙다는 진심 어린 말 한마디에서는 무한한 애정과 존중이 묻어납니다. 끊임없이 기쁜 마음으로 서로에게 이를 표현하는 것은 참으로 귀한 일입니다.

제 딸들이 없었더라면 이 책이 세상에 나오는 일도 없었을 것입니다. 딸들 덕분에 저는 엄마라는 존재가 되었고 제 삶에서 가장 귀한 역할을 맡을 수 있었습니다. 제게 이처럼 소중한 선물을 준 딸들에게 무한한 감사를 느낍니다. 딸들이 있어 저는 날마다 새로운 과제와 도전에 직면하고 한층 더 성장할 기회를 얻었습니다. 사랑하는 딸들아, 정말 고마워! 특히 지금 막 사춘기 한가운데서 성장통을 앓고 있는 레니에게 감사하다는 말을 전하고 싶습니다. 이 책의 곳곳에는 레니의 생각이 반영되어 있을 뿐 아니라 그녀는 집필에 직접 참여하기도 했습니다. 레니, 너는 정말 멋진 아이야!

제 남편인 롤란트에게도 감사의 마음을 전합니다. 그는 여러 해 동안 애정과 힘이 넘쳐 나는 자신만의 방식으로 제 곁을 지켰으며, 딸들에게는 항상 최고의 아버지가 되어 주었습니다.

토스카나에서 심리 치료사로 일하고 있는 루카 리베티는 몇 년 전부터는 자신의 치료실뿐 아니라 학교에서도 상담 치료를 하고 있습니다. 이미 이탈리아어로 여러 권의 책을 발표하고 심리치료에 관한 핸드북을 펴내기도 했지요. 한창 사춘기를 거치고 있는 훌륭한 두 딸의 아버지이기도 합니다. 친애하는 루카 씨, 당신의 심리학 전문 지식을 나누어주며 이 책의 집필을 함께 해준 데 대해, 그리고 당신의 우정과 마음에 진심 어린 감사를 보냅니다. 토스카나의 어딘가에서 우연히 만나 이 프로젝트를 함께 시작하기까지의 과정이 제게는 기적처럼 느껴집니다. 이것이 오랜 인연의 시작이기 바랍니다.

훔볼트 출판사의 영혼과도 같은 마크 바흐스만 씨, 저를 믿고 제 이야기에 귀를 기울이며 지칠 줄 모르는 열정을 보여주신 데 대해 감사드립니다.

편집을 담당하신 주잔네 슈트라웁 씨에게도 마음을 다해 감사드립니다. 제가 쓴 글을 편집자님과 함께 구석구석 검토하고 파고드는 작업은 말로 표현할 수 없이 큰 즐거움이었습니다. 편집자님의 인내심, 헌신, 그리고 이 책을 향한 애정에 깊이 감사드립니다.

온라인 매거진 『무터쿠터』의 동료들에게도 감사를 보냅니다! 친애하는 도로, 케르스틴, 당신들은 정말 멋진 분들이에요.

제 인스타그램 팔로워들에게도 깊은 감사의 마음을 전합니다. 제가 올린 글과 사진들을 구독하는 분들의 수가 어느덧 1만 6천 명을 훌쩍 넘겼습니다. 처음에는 그저 시간을 때우기 위해 시작했던 것이 몇 해를 넘기면서 어느덧 전 세계의 수많은 사람들과 만나는 귀한 교류의 장이 되었습니다. 이를 함께 해 주셔서 정말 감사합니다.

독일에 계신 가족, 엄마와 언니, 여동생들, 시부모님에게도 감사를 전합니다. 멀리 떨어져 있지만 여러분은 언제나 제 마음속에 함께 하고 있습니다.

비고 사춘기 소녀에게 필요한 에너지 및 영양소 권장량

한국영양학회에서 제시한 한국인 영양소 섭취 기준

	9~11세	12~14세	15~18세
영양소 필요량 / 에너지 필요량	1,800kcal/일	2,000kcal/일	2,000kcal/일
	에너지 요구량은 개인의 신체 활동 수준에 따라 달라질 수 있음.		
비타민 A	550 μg	650 μg	650 μg
비타민 B6	1.1mg	1.4mg	1.4mg
엽산	300μg	360μg	400μg
비타민 B12	1.7μg	2.3μg	2.4μg
비타민 C	70mg	90mg	100mg
마그네슘	220mg	290mg	340mg
칼슘	800mg	900mg	800mg
철분	10mg	16mg	14mg
요오드	110μg	130μg	130μg

* **비타민 D (충분 섭취량)** 5μg(9~11세) / 10μg(12~14세) / 10μg(15~18세)
비타민 E (충분 섭취량) 9mg(9~11세) / 11mg(12~14세) / 12mg(15~18세)
비타민 B7 (충분 섭취량) 20μg(9~11세) / 25μg(12~14세) / 30μg(15~18세)

Original publication:
Judith Bildau
Mit meiner Tochter durch die Pubertät

민감한 딸의 사춘기를 항해하는 방법

초판인쇄 2026년 1월 30일
초판발행 2026년 1월 30일

지은이 유디트 빌다우
옮긴이 이지혜
발행인 채종준

출판총괄 박능원
국제업무 채보라
책임편집 문서영
디자인 홍재희
마케팅 문선영
전자책 정담자리

브랜드 라라
주소 경기도 파주시 회동길 230 (문발동)
투고문의 ksibook1@kstudy.com

발행처 한국학술정보(주)
출판신고 2003년 9월 25일 제406-2003-000012호
인쇄 북토리

ISBN 979-11-7457-377-3 03330

라라는 건강에 관한 도서를 출간하는 한국학술정보(주)의 출판 브랜드입니다.
라라란 '흥겹고 즐거운 삶을 살다'라는 순우리말로, 건강을 최우선의 가치로 두고 행복한 삶을 살자는 의미를 담고 있습니다. '건강한 삶'에 대한 이정표를 찾을 수 있도록, 더 유익한 책을 만들고자 합니다.